A Faint Cold Fear Thrills Through My Veins
William Shakespeare

Zu diesem Buch

Bis jetzt hatte Bienzle in dem Fall Elsgard von Wiedebach ohne Ergebnis ermittelt. Die junge Frau war vergewaltigt und zu Tode geprügelt worden. Das Dorf hatte längst den Schuldigen ausgemacht: Bernd Müllerschön. Der besaß Bärenkräfte und war gesehen worden, wie er mit Elsgard das Volksfest verließ. Doch die Sperma-Untersuchung bewies, daß er nicht der Vergewaltiger sein konnte. Das Dorf änderte seine Meinung trotzdem nicht. Dann war er eben bloß der Mörder, und vergewaltigt hatte sie jemand anders...

Bienzle gehört zu den beliebtesten Kommissaren der Kriminalliteratur. Mit seiner behäbigen schwäbischen Art und seiner Treuherzigkeit täuscht er so manchen Übeltäter und kann ihn um so sicherer in die Falle locken. In den hier vorliegenden Kriminalstories löst Bienzle mit seinem Scharfsinn und seiner tiefen Menschenkenntnis zehn vertrackte Fälle.

Felix Huby, Jahrgang 1938, ist das Pseudonym des freien Journalisten und Schriftstellers Eberhard Hungerbühler. Neben Sachbüchern und Kriminalromanen für Kinder hat er eine Reihe Kriminalhörspiele und zahlreiche Fernsehspiele geschrieben. Sein letzter großer Fernseherfolg war die Serie «Oh Gott, Herr Pfarrer». In der Reihe rororo thriller liegen außerdem vor: Der Atomkrieg in Weihersbronn (Nr. 2411), Tod im Tauerntunnel (Nr. 2422), Ach wie gut, daß niemand weiß... (Nr. 2446), Sein letzter Wille (Nr. 2499), Schade, daß er tot ist (Nr. 2584), Bienzle stochert im Nebel (Nr. 2638), Bienzle und die schöne Lau (Nr. 2705), Bienzles Mann im Untergrund (Nr. 2768) und Bienzle und das Narrenspiel (Nr. 2872).

Felix Huby

Bienzle und der Sündenbock

Kriminalstories

Rowohlt

rororo thriller
Herausgegeben von Bernd Jost

Die Geschichten «Bienzle und der Sündenbock»
und «137 Stufen» erscheinen hier zum erstenmal.
Alle übrigen Geschichten sind schon einmal
in Sammelbänden oder Zeitschriften veröffentlicht
worden.

Veröffentlicht im Rowohlt Taschenbuch Verlag GmbH,
Reinbek bei Hamburg, August 1990
Umschlagfoto Latusek
Umschlagtypographie Peter Wippermann / Nina Rothfos
Copyright © 1990 by Rowohlt Taschenbuch Verlag GmbH,
Reinbek bei Hamburg
Satz Aldus (Linotronic 500)
Gesamtherstellung Clausen & Bosse, Leck
Printed in Germany
780-ISBN 3 499 42958 6

Inhalt

Bienzle und der Sündenbock

Bienzle war benommen. In seinen Augen saß noch der Schlaf. Eine schwere angenehme Müdigkeit hatte sich in seinem Körper eingenistet. Bienzle genoß die bleierne Schwere – hätte er die Entscheidung gehabt, sich in den Schlaf zurückfallen zu lassen oder vollends zu sich zu kommen... er hätte sich für den Schlaf entschieden.

Aber die Lautsprecherstimme hatte deutlich genug gesagt: «Meine Damen und Herren, in wenigen Minuten erreichen wir Stuttgart Hauptbahnhof.» Daß der Zugführer den Satz in englisch wiederholen mußte, hielt Bienzle für eine Zumutung – für die Fahrgäste und für den Schaffner!

Bienzle liebte es, abgeholt zu werden. Zwar sagte er Hannelore jedesmal, wenn er verreisen mußte, das sei ganz und gar nicht nötig, das Taxi ginge ja auf Spesen, aber dann stapfte er doch mit gerecktem Hals und leichtem Herzklopfen den Bahnsteig hinunter. War sie da, gab er sich gelassen erfreut, war sie nicht da, kämpfte er ein paar Minuten mit seiner Enttäuschung und trank noch rasch ein Bier an einem der Kioske, ehe er sich ins Taxi setzte, um nach Hause zu fahren.

Hannelore war nicht gekommen. Bienzle ging zu einem Bratwurststand, bestellte eine heiße Rote vom Rost, änderte die Bestellung aber sofort in ein Paar Rote, verlangte nach einem Bier und lehnte sich gegen den brusthohen ovalen Tisch. Ein Penner begann seine Geschichte zu erzählen. Bienzle hörte nicht zu, sagte trotzdem ab und zu «So, so» oder «Aha», spendierte dem Mann ein Bier und ging die Bahnhofstreppe hinunter.

Am Ausgang stand er, auf einen Stock gestützt. Hochgewachsen, schmal, aufrecht: Karl-Christian von Wiedebach. Einen Augenblick lang überlegte Bienzle, ob er auf ihn zugehen sollte. Doch dann geschah etwas, was Bienzles ersten Impuls sofort wieder auslöschte. Ein junges Paar kam direkt an von Wiedebach vorbei. Das Mädchen schmiegte sich eng an seinen Freund. Die beiden blieben stehen und küßten sich. Frech faßte der Junge nach den Brüsten des Mädchens und ließ seine Hände rasch, fast beiläufig zu ihren Schenkeln hinabgleiten. Das Mädchen drängte sich gegen ihn. Wiedebach hatte den beiden mit aufgerissenen Augen und – wie es schien – mit angehaltenem Atem zugeschaut. Jetzt ging er auf sie los, mit dem hoch erhobenen Stock in der rechten und seiner zur Faust geballten linken Hand. Wild schlug er auf die beiden ein, die zunächst so überrumpelt waren, daß sie nur versuchten, schützend die Arme über ihre Köpfe zu halten. Bienzle rannte los, warf sich zwischen das junge Paar und den Mann und hielt die Hand mit dem Stock fest.

«Hören Sie auf», herrschte er von Wiedebach an, «hören Sie sofort auf.»

«Spinnt der?» schnappte der junge Mann.

Bienzle hätte beinahe gesagt: ‹Ja, wahrscheinlich!› Statt dessen zog er von Wiedebach durch das Bahnhofstor hinaus auf die Straße.

Erst jetzt erkannte ihn Karl-Christian von Wiedebach. Er sah Bienzle aus seinen wäßrigen, graublauen Augen an.

«Wo kommen Sie denn her?»

Bienzle zeigte zu den Greiner-Stuben hinüber.

«Gehen wir etwas trinken.»

Ein halbes Jahr hatte Bienzle ermittelt. Erfolglos. Der Mord an von Wiedebachs Nichte Elsgard war nicht aufzuklären gewesen. Wie auch, wenn ein ganzes Dorf den Schuldigen zu kennen glaubte, der so unschuldig war, wie einer nur sein konnte.

Hätte es die gentechnische Untersuchung noch nicht gegeben, wäre Bernd Müllerschön mit großer Wahrscheinlichkeit hinter den Gittern des Rottenburger Gefängnisses verschwunden und vor Ablauf von zehn, zwölf Jahren kaum wieder herausgekommen.

Bei der toten Elsgard von Wiedebach hatte man Spermaspuren gefunden. Ehe sie sterben mußte, war sie vergewaltigt worden.

Die beiden ungleichen Männer saßen sich an einem schmalen Tischchen in einer Nische gegenüber. Keiner sprach – Bienzle war es recht. Seine Gedanken gingen zurück nach Hainbach – das Dorf zwischen Rottenburg und Hechingen, ein bißchen verschlafen und – wie einst – dominiert vom alten Schloß, auf dem noch immer das einstige Herrengeschlecht derer von Wiedebach wohnte – ein Dorf, in dem auch heute noch jeder jeden kennt.

Bienzle schüttelte gedankenverloren den Kopf. Einen solchen Fall hatte er in seiner ganzen Laufbahn nicht gehabt. Müllerschön hatte sich nicht an dem Mädchen vergangen, das erwies der Spermatest. Der Ortspolizist hatte damals gesagt. «Der hat garantiert das Sperma von 'nem anderen abgegeben», was Bienzle dazu veranlaßte, eine zweite Probe unter seiner Aufsicht «ziehen» zu lassen. Er sperrte Bernd Müllerschön ins Klo ein und ließ ihn erst wieder heraus, als der sein Sperma abgezapft hatte. Scheußlich war er sich dabei vorgekommen, speiübel war ihm gewesen, als er vor der Toilettentür stand und dem Jungen gut zuredete: «Jetzt mach halt, 's geht schließlich um den Beweis deiner Unschuld...» Und als er merkte, was für einen Satz er da gesprochen hatte, schob er noch nach. «Denk halt an was Schöns!»

Bernd Müllerschön jedenfalls war es nicht gewesen. Und dann hatten sie den, der das Mädchen vergewaltigt hatte: Karl-Christian von Wiedebachs Sohn Thomas-Rainer. Die mit ihren Doppelnamen.

Aber der Vergewaltiger war nicht der Mörder. Ein in sich gekehrter, fast autistischer Junge mit einer eingefallenen Brust und sehr starken Armen. Das Sorgenkind der adligen Familie, nicht nur körperlich, sondern auch geistig etwas zurückgeblieben.

«Sie haben sich unmöglich benommen in Hainbach», sagte von Wiedebach plötzlich.

«Nicht so unmöglich wie Sie gerade gegenüber im Bahnhof. »

«Im Bahnhof?»

«Sagen Sie bloß, Sie erinnern sich nicht. »

«Ich erinnere mich gut. Sie waren aufdringlich, unhöflich und haben uns wochenlang belästigt. »

«Ihr Sohn hat's anders empfunden, glaube ich! »

«Sie haben sich in sein Vertrauen geschlichen! »

«Ich habe seine Unschuld bewiesen, was den Mord anbelangt. »

«Er war überhaupt unschuldig», sagte von Wiedebach steif.

Bienzle schüttelte den Kopf. «Das sehen Sie falsch. Die Vergewaltigung geht auf seine Rechnung. »

«Nein! »

«Das ist nun wirklich einwandfrei erwiesen, Herr von Wiedebach. »

«Das Biest hat ihn verführt. Er kann nichts dafür, gar nichts. »

9

Bienzle sah von Wiedebach aufmerksam an: ein seltsames Gesicht, mit einer scharfen Hakennase und zwei langen senkrechten Falten, die sich von den Augen bis zu den Mundwinkeln zogen. Das Kinn sprang weit und spitz vor. Die wäßrigen Augen wirkten fast durchsichtig. Die rechte Hand Wiedebachs ruhte noch immer auf dem Knauf seines Stocks, den er bei jedem Wort, das er sprach, auf den Boden aufstieß.

«Hat sie's bei Ihnen auch einmal versucht?» wollte Bienzle wissen.

«Sie war absolut hemmungslos, das können Sie mir glauben.»

Bienzle sah in die wäßrigen Augen. Der Mann war 57, wirkte aber älter. «Ihr Sohn hat einmal gesagt, er habe immer Angst vor Ihnen gehabt.»

«Er hat Respekt gemeint, nicht Angst!»

«Er hat Angst gemeint», insistierte Bienzle sanft. «Als Kind begann er schon zu zittern, wenn er Ihre Schritte und das Klopfen Ihres Stokkes im Korridor oder auf der Treppe hörte.»

«Thomas-Rainer hat Ihnen erzählt, was Sie hören wollten!»

«Es hat lange gedauert, bis er den Mut fand, etwas ganz von sich aus zu erzählen, das stimmt.» Bienzle bestellte beiläufig noch zwei Viertel Rotwein.

«Warum rede ich überhaupt mit Ihnen?» herrschte ihn von Wiedebach an.

Bienzle lächelte. «Ob hier oder in Hainbach – ist doch egal, oder?»

«Heißt das, Sie wollen wieder mit Ihrer Schnüffelei anfangen?»

«Der Fall schwelt noch, wie wir sagen. Zu den Akten gelegt ist er noch nicht.»

«Das Mädchen ist seit sieben Monaten tot!»

«Und der Mörder läuft genau so lange frei herum! Prost Herr von Wiedebach.»

Der Adlige verfiel in ein trotziges Schweigen. Bienzle prüfte die Farbe des Weines gegen das Licht. Ein Trollinger war das nicht, aber er hatte jetzt ohnehin nicht die Muße, den Wein wirklich zu genießen.

Als feststand, daß nicht Bernd Müllerschön, sondern ihr eigener Vetter Elsgard von Wiedebach vergewaltigt hatte, war für die Hainbacher Müllerschön plötzlich wieder der Täter. «Der hat sie umgebracht», sagte die Witwe, bei der Bienzle während seiner Ermittlungsarbeit wohnte.

«Der gilt schon lang als unberechenbar und brutal.»

«Dann schlachten wir den Sündenbock», hatte Bienzle geantwortet, aber Frau Schlotterbeck hatte nicht verstanden, was er damit meinte. Der Kommissar aus Stuttgart war für sie sowieso ein wunderlicher Mensch, nicht unfreundlich, aber auch nicht liebenswürdig, meistens kurz angebunden. Er konnte zwar gut zuhören – und wo fand man heutzutage noch so jemanden? Aber er selber sagte so gut wie nichts. Und dabei war sie so voller Hoffnungen gewesen, als er ausgerechnet das Zimmer bei ihr gemietet hatte – mit Blick auf den Hainbach und die sanft ansteigenden Mischwaldhänge auf der anderen Seite des Tals.

Tagelang war er nur rumgelaufen. Oft stand er Stunden im Schloßhof, redete mit niemandem, schaute dem Gärtner zu oder auch Thomas-Rainer, wenn der seine Reitstunde hatte. Am Abend saß er im *Ochsen*, trank sein Viertel Trollinger in zwei Stunden und sah zu, wie die Zeit verging. Das hatte ihr die Frau Hagenlocher erzählt, die abends im *Ochsen* bediente, um sich was dazu zu verdienen.

Bienzle sagte: «Meine Wirtin meinte auch, es sei vergebliche Liebesmühe, nach einem anderen Täter zu suchen. Für sie war klar, daß es der Müllerschön war.»

«Ich habe immer gesagt, daß ich das nicht glaube», sagte von Wiedebach nun sehr leise.

«Mhm», machte Bienzle, «Sie wußten Bescheid, nicht wahr?»

«Bitte, was?»

«Na ja mit den Leuten in Hainbach, die kennt doch kaum jemand besser als Sie, der Schloßherr.»

«Ach so, ja, ja!»

Bienzle sah ihn forschend an. Manchmal hatte er das Gefühl, von Wiedebach höre ihm gar nicht zu.

«Warum haben Sie denn auf die armen jungen Leute eingeschlagen?» fragte Bienzle unvermittelt.

«Was hab ich?»

«Sie haben sie ganz schön mit Ihrem Stock traktiert, muß ich schon sagen.»

«Sie meinen Thomas-Rainer und ...!»

«Nein, ich meine das Pärchen im Bahnhof!» Bienzle ärgerte sich sofort maßlos, daß er von Wiedebach unterbrochen hatte.

«Ach so», er schien erleichtert zu sein, lachte sogar ein wenig. «Na ja – ich kann diese Obszönitäten einfach nicht ausstehen.»

«Da haben Sie in unserer Zeit aber viel auszuhalten», auch Bienzle lachte jetzt leise.

«Ach wissen Sie», plötzlich strahlte von Wiedebach eine gewisse Jovialität aus. «Bei uns in Hainbach ist die Welt ja noch halbwegs in Ordnung.»

‹Denkste!› hätte Bienzle am liebsten geantwortet. Die reinste Hexenjagd war das gewesen, als plötzlich alles auf den grobschlächtigen Bernd Müllerschön als Täter hinzudeuten schien. Elsgard war im Dorf offensichtlich beliebt gewesen. «Immer freundlich und alleweil lustig», hatte Frau Schlotterbeck gewußt. «Überhaupt net hochnäsig oder so. Und sooo hübsch!» Bienzle hatte Fotots von Elsgard gesehen. Aber auch die konnten natürlich das schreckliche Bild des mißhandelten und buchstäblich zu Tode geprügelten Mädchens nicht auslöschen. Solange diese Bilder immer wieder auftauchten, würde Bienzle nicht aufhören, den Schuldigen zu suchen.

Natürlich sei er ihr nachgestiegen, der Elsgard, hatte Bernd Müllerschön gesagt. Und sie habe ihn ja auch richtig dazu aufgefordert.

«Wie denn?» hatte Bienzle wissen wollen. Richtig rot war er danach geworden, dieser Klotz von einem Kerl – nicht größer als 1,70 Meter, mit sehr breiten Schultern, kräftigen Oberarmen und dazu kontrastierenden schmalen Händen, wie sie sonst nur Chirurgen oder Pianisten haben. Seine Oberschenkel hätte auch einer mit viel größeren Händen nicht umspannen können. Bernd Müllerschön ging nicht, er schob seinen Körper vorwärts, dabei immer ein bißchen nach vorne geneigt, als wolle er sich mit dem Kopf Bahn schaffen.

Er sprach in schwerfälligem Ton, legte lange Pausen ein, aber was er sagte, war meist sehr genau. Bienzle hatte Bernd auf Anhieb gemocht, trotz der Geschichten, daß er mal ein Kalb mit einem einzigen Beilhieb niedergestreckt und einem angriffswütigen Schafbock das Genick mit bloßen Händen gebrochen habe. Das konnten Legenden sein, erfunden von Neidern, die nicht mal ein Autorad hochheben konnten, wenn sie's wechseln mußten. Bernd Müllerschön wich Bienzles forschenden Blicken niemals aus. Seine dunklen Augen fragten von Anfang an zurück. ‹Glauben Sie etwa auch, daß ich das Mädchen getötet habe?›

Bienzle glaubte es nicht. Nicht einmal, nachdem Zeugen bekundeten, sie hätten Bernd Müllerschön in der Mordnacht allein mit dem Mädchen gesehen.

«Was war denn da?» hatte Bienzle gefragt.

«Musikfest ist gewesen, so richtig wie sich's g'hört.»

Zuerst ein Wertungsspiel von zwölf Kapellen vor einer Fachjury und am Abend Tanz. Das wußte Bienzle von zu Hause. Jede Musikkapelle bildete kleinere Instrumentengruppen mit den begabtesten Spielern, die dann zum Tanz aufspielten – die schlechteren brachten immer noch annehmbare Ländler und Walzer, alle mindestens das «Kufsteinlied» hervor, bessere versuchten sich schon mal in Dixieland-Melodien oder modernen Schlagern («Du bist alles für mich, denn ich liebe nur dich – Manuela – aha . . .»). So war's auch in Hainbach gewesen, genauso wie bei Bienzle damals in Dettenhausen. Da hatte sich seit den 50er Jahren kaum was geändert. Kein Wunder, meinte man doch die Fünfziger, wenn man erinnerungsselig von «unseren goldenen Jahren» sprach.

Bernd Müllerschön hatte mit Elsgard getanzt. Familie von Wiedebach gab sich gern volkstümlich, Elsgard tat es aus Überzeugung, sie tanzte für ihr Leben gern im Festzelt – oben auf der Bühne, wenn die Leute an den langen Biertischen begeistert mitklatschten. «Du bist so unheimlich stark, heb mich doch mal hoch», flüsterte sie Bernd Müllerschön ins Ohr. Und der umfaßte sie mit seinen kräftigen Armen, hob sie hoch, als ob sie nichts wiegen würde und drehte sich mit ihr im Kreis, bis ihm von dieser gestampften Pirouette, dem Geruch von Elsgards Parfüm und ihrem girrenden Lachen ganz schwindlig war. Als er sie absetzte, küßte sie ihn aufs Ohr und sagte: «Du bringst mich heut nacht nach Hause, machst du das?»

Bernd hatte nur genickt und dabei gefürchtet, sie könne sein Herzklopfen hören.

Genauso hatte er es Ernst Bienzle erzählt. Und der hatte auch nur genickt, hatte doch Bernds Erzählung gewirkt wie ein Bericht aus seiner eigenen Jugend, nur daß das Mädchen damals Helga hieß und ganz und gar nicht adlig war.

«Und dann hast du sie heimgebracht?» Daß er den Müllerschön duzte, ging in Ordnung. Der hätte ja auch aus Dettenhausen sein können.

Bernd nickte wieder.

«War's schön?»

«Wunderbar!»

«Ihr habt euch geküßt?»

«Ja, ganz lang, und sie hat mich gestreichelt und ich sie auch...»
Plötzlich war Bernd Müllerschön in Tränen ausgebrochen, und
Bienzle fuhr ihm, einem plötzlichen Impuls folgend, übers Haar. «Du
hascht se g'sund abg'liefert und bischt brav heim ins Bett?»

«Ha noi, des net grad. I bin dann scho noch mal aufs Fescht. Aber ich
hätt' ihr nix do könne, wo i se doch so möge han!»

Als Bienzle ihm sagte, daß er ihm glaube, lächelte Bernd Müllerschön
zum erstenmal.

«Ihre Nichte hat das Schloß gesund erreicht», sagte Bienzle zu von
Wiedebach.

«Sie wurde im Garten gefunden.» Von Wiedebach mußte an die gleiche Szene gedacht haben, es klang, als setzte er Bienzles Satz nur
fort.

Bienzle sah den schmalen, aufrecht dasitzenden Mann unter seinen
buschigen Augenbrauen hervor an. Von Wiedebach klopfte nervös
mit seinem Stock auf den Fußboden.

«Sie gehen nie ohne Stock, nicht wahr?» Bienzle ließ von Wiedebach
nicht aus den Augen.

«Weiß nicht genau, ich hab viele davon!»

Wäre sich Bienzle sicher gewesen, wäre er jetzt zum Generalangriff
übergegangen. Das war ein Versäumnis, daß er nicht in den einschlä-
gigen Geschäften hatte fragen lassen, ob Karl-Christian von Wiedebach sich in letzter Zeit einen neuen Stock zugelegt hatte und wenn ja,
wann genau. Aber wer hinderte ihn daran, so zu tun, als habe er das
nicht versäumt.

«Einer meiner Mitarbeiter hat recherchiert, daß Sie sich am Tag oder
zwei Tage nach der Tat – ich hab die Akte jetzt nicht mehr so im
Kopf... – also da haben Sie sich einen neuen Stock zugelegt.»

«Und wenn schon, das ist ja wohl meine Sache.»

Bienzle wäre es lieber gewesen, tatsächlich Rechercheergebnisse zu
haben, aber – nun gut...! Viel schlimmer war, daß ihm der Verdacht
gegen Karl-Christian von Wiedebach erst nach der Episode am Bahn-
hofseingang gekommen war.

14

«Wird Ihr Sohn Thomas-Rainer Ihre Güter übernehmen?»
«Ich habe nur diesen einen!»
«Kann er das denn?»
«Er ist ein von Wiedebach!»
Bienzle lachte. «Na ja, bei uns Bürgerlichen kommt's schon mal vor,
daß wir aus der Art schlagen. Mein Vater war Lehrer und hätte es
ganz gern gesehen, wenn ich's auch geworden wäre.»
«Und? Warum haben Sie sich widersetzt?» fragte von Wiedebach
scharf.
«Es haben einfach ein paar Voraussetzungen gefehlt», antwortete
Bienzle. «Ich glaube übrigens, daß es bei Ihrem Sohn nicht viel anders
ist.»
«Ich erlaube Ihnen nicht, so über meine Familie zu sprechen.» Von
Wiedebach fuhr sich mit der flachen Hand über die Augen, als ob ihn
eine plötzliche Müdigkeit überfallen hätte. Auch Bienzle war müde,
aber er wußte, daß er jetzt nicht locker lassen durfte. Genau wie beim
Sohn dieses störrischen mittelalterlichen Herrn.
Thomas-Rainer hatte Bienzle zehn Tage lang widerstanden. Welche
zufälligen oder dienstlich herbeigeführten Treffen der Kommissar
auch arrangierte, zunächst wich ihm der junge von Wiedebach aus.
Bienzles Kollege Gächter pflegte zu sagen, irgendwann bringe der
Hauptkommissar jeden zum Reden. Das gefiel Bienzle, daß Gächter
das sagte, und er gab sich große Mühe, die Prophezeiung des Kollegen
zu erfüllen. Da hatte er inzwischen einen Ruf zu verlieren – für ihn
Anlaß genug, es auch dann noch mal zu versuchen, wenn er eigentlich
schon aufgeben wollte.
So war es mit Thomas-Rainer von Wiedebach, einem Jungen, der sehr
von oben herab mit den Menschen redete, wenn er sich überhaupt
dazu herabließ, eine Frage zu beantworten oder gar selbst das Wort an
jemanden zu richten.
«Sie glauben doch nicht, daß ich mich von einem dahergelaufenen
Polizisten verhören lasse wie ein Verbrecher!»
Bienzle hatte gelächelt. «Ja, ich kann's mir schon denken. Ihre Vor-
fahren haben sich auch dafür jemand gehalten.»
Aber für Ironie hatte Thomas-Rainer von Wiedebach keinen Sinn. Er
war einfach weggegangen, und Bienzle wäre sich komisch vorgekommen, hätte er so was wie «Sie bleiben hier, daß ist eine Vernehmung!»

hinter ihm hergerufen. Vielleicht war das überhaupt sein erster Schachzug gewesen, den Jungen einfach gehen zu lassen.

Jedenfalls war ihr zweites Gespräch schon etwas ausführlicher gewesen, und Bienzle wartete geduldig weiter, bis sich so etwas wie eine Vertrauensbasis einstellte. Dazu mochte beigetragen haben, daß Karl-Christian von Wiedebach immer wieder versuchte, den Kommissar vom Hof zu jagen. Aber den gab es wohl nicht, der Bienzle mit herrischen Gesten und Worten beeindrucken konnte.

Bienzle schaute auf. «Wissen Sie, was mir plötzlich klar wird?»

Karl-Christian von Wiedebach war auf der Hut. «Ja?» fragte er knapp zurück.

«Hier in der Stadt – vorhin auf dem Bahnhof und jetzt hier in diesem ganz normalen städtischen Lokal heben Sie sich überhaupt nicht ab!»

«Was soll denn dieser Unsinn nun schon wieder?»

Von Wiedebachs herrischer Ton verpuffte. Bienzle lächelte zufrieden. ‹Schade›, dachte er, daß das schöne alte Wort Republikaner von irgendwelchen rechten Arschlöchern so in Mißkredit gebracht wurde.

«Ihr Sohn hat ja dann ein sehr schönes Geständnis abgelegt», sagte Bienzle.

«Aber er hat sie nicht umgebracht!»

«Ich habe ja auch nicht behauptet, daß er das gestanden habe! – Auf jeden Fall vergesse ich nie, wie unglaublich erleichtert er war, als er's endlich, endlich erzählen konnte.»

«Ein mir unerklärlicher Triebstau», sagte Karl-Christian von Wiedebach. Bienzle sah ihn verwundert an. «*Ihnen* ist der unerklärlich, ausgerechnet Ihnen?»

«Was soll denn nun das schon wieder?» schnappte von Wiedebach.

«Ich habe mir gerade vorgestellt», sagte Bienzle bedächtig, unterbrach sich dann aber und setzte neu an. «Ihre Nichte war kein Kind von Traurigkeit, sie war auch längst keine Jungfrau mehr, wie wir vom Gerichtsarzt und von mehreren Zeugen wissen. Und sie war an diesem Abend ‹angetörnt›, wie man heute wohl sagt.»

«Bitte, ich will nichts mehr davon hören!» Auf von Wiedebachs Stirn erschienen kleine Schweißtropfen. Bienzle beobachtete ihn scharf. «Thomas-Rainer hat es mir geschildert. Es ist ja wie mit allen diesen Introvertierten, wenn sie dann mal die Lust am Erzählen packt...!»

«Schweigen Sie!» von Wiedebach rief es so laut, daß ein paar andere Gäste überrascht herschauten. Bienzle fuhr unbeirrt fort. «Ihr Sohn hatte Elsgard und Bernd Müllerschön beobachtet. Sie haben sich geküßt und vielleicht war da auch mehr. In meiner Jugend hätte man es wohl Petting genannt.»

Von Wiedebachs Lippen zitterten, er wollte etwas sagen, schluckte aber nur ein paarmal trocken. Plötzlich wußte Bienzle, das hatte nicht nur der Sohn beobachtet, sondern auch der Vater. Prompt sagte er: «Sie müssen's doch wissen, Sie haben's ja auch gesehen!»

Es klang wie hilfloses Stammeln, als von Wiedebach nun hervorstieß. «Bitte, ich bitte Sie, bitte nicht.» Aber Bienzle hatte das Bild der toten Elsgard von Wiedebach sehr deutlich vor Augen.

«Bernd Müllerschön ging und Thomas-Rainer vertrat Elsgard den Weg – durch das, was er beobachtet hatte, aufs äußerste erregt!»

Karl-Christian von Wiedebach wollte etwas sagen, aber nun war es an Bienzle, herrisch zu sein. Er stoppte ihn mit einer Geste und sagte: «Genauso hat es mir Ihr Sohn erzählt! Er war – wie er sich selber ausdrückte – ‹nicht mehr bei Sinnen!› und er fiel über seine Cousine her. Die lachte zuerst und rief sogar noch...»

«Streng dich doch nicht so an!» Von Wiedebach schlug sich die Hand auf den Mund, aber der verräterische Satz war nun schon heraus.

Bienzle nickte ein paarmal. «Ja», sagte er, «eine Vergewaltigung war's eigentlich gar nicht, obwohl sich Ihr Sohn in seiner Raserei...»

«Und da hätte ich zusehen sollen?» schrie von Wiedebach.

Bienzle schüttelte den Kopf. «Nein, das nicht. Aber warum mußten Sie das Mädchen erschlagen!»

Als von Wiedebach anfing zu erklären, stoppte ihn Bienzle kalt. «Ich zahle jetzt, dann lasse ich Sie abholen in die Taubenheimstraße, und dort geben Sie einem Kollegen alles zu Protokoll.»

Fünfundzwanzig Minuten saßen sie noch an dem schmalen Tischchen – lastendes Schweigen zwischen sich. Nur einmal sagte

17

Bienzle. «Ich sag jetzt mal was: Wenn man eine Schuld bekennt, hat man auch eine Chance, sie zu sühnen.» Aber es war nicht klar, ob ihn von Wiedebach, tief über seinen Stock gebeugt, verstanden hatte.

Als zwei uniformierte Beamte Herrn von Wiedebach abholten, ging er, ohne Bienzle noch eines Grußes oder auch nur eines Blickes zu würdigen.

Bienzle stapfte noch mal in die Bahnhofshalle, stellte sich an den gleichen Tisch wie kurz nach seiner Ankunft und bestellte noch ein Bier. Die Müdigkeit kam wieder. Derselbe Penner stand noch immer da, begann sofort wieder dieselbe Geschichte, und natürlich gab ihm Bienzle noch ein Bier aus.

Ein paar Minuten später erschien Hannelore. Sie hatte sich den falschen Zug notiert, vielleicht hatte er ihr auch den falschen genannt. Jedenfalls freute er sich wie ein Kind, als sie plötzlich neben dem Penner stand.

«Ich bin schon seit zwei Stunden da», sagte er.

«Und was hast du die ganze Zeit gemacht?»

«Ich habe den Täter im Fall Wiedebach überführt.»

Hannelore schüttelte den Kopf. «Das kommt davon, wenn man zuviel trinkt, da kriegt man leicht solche Allmachtsphantasien – du sowieso!»

Bienzle widersprach nicht!

Äpfel für Costa Rica

Warum hatte er bloß nachgegeben? War er nicht der Chef? Er hätte Gächter schicken können oder Haußmann. Der Fall war unattraktiv. Routine.

Bienzle hatte seinen Wagen am Dorfeingang abgestellt. Wann immer es sich machen ließ, ging er zu Fuß. Jetzt stapfte der schwere Mann durch ein schmales Sträßchen, das steil zwischen häßlichen Häusern den Berg hinaufführte. Der Asphalt war an vielen Stellen aufgebrochen. Im Herbst war Wasser in die Straßendecke eingesickert. In der Kälte war es zu Eis geworden und hatte dem Belag Schrunden gemacht.

Als der Mord gemeldet worden war, hatten sie alle ganz still dagesessen, jeder hatte sich angelegentlich mit etwas anderem beschäftigt. Gächter, Gollhofer, Haußmann – keiner hatte reagiert.

Schließlich hatte der Kollege Gächter doch kurz aufgeschaut und mit dem Zeigefinger auf das Fernschreiben geklopft. «Anton Hägele, Eisendreher, Nebenerwerbslandwirt, geboren in Eichenbach, wohnhaft in Eichenbach. Ein Landsmann von dir, Ernst.»

Als ob das eine Rolle spielen würde. Ernst Bienzle stieß mit dem rechten Fuß gegen ein loses Asphaltstück. Warum hatte er sich bloß auf diese Diskussion eingelassen. Eichenbach war ein Dorf ohne Gesicht. Bienzle ärgerte sich, daß er einen Mantel angezogen hatte. Die Sonne schien warm für diesen späten Märznachmittag.

Vor dem schmalbrüstigen Haus stand ein Polizeiwagen. Bienzle blieb stehen und schaute sich den Vorgarten an. Schneeglöckchen blühten und bunte Krokusse, und gelbe Primeln, die offensichtlich frisch eingesetzt und angegossen worden waren. Um die schmächtigen Stengel und Blätter hatten sich kleine kreisrunde feuchte Höfe gebildet.

«Ich kenn' Sie, Herr Kommissar.» Der junge Uniformierte strahlte. Das hatte man davon, daß man als Schulmeister auf Fortbildungslehrgängen herumgereicht wurde.

«Dann zeigen Sie mir mal, was passiert ist», brummte Bienzle. Die Leiche schwamm, Rücken nach oben, in einem Heizöltank. Bienzle war auf eine Bockleiter gestiegen, um in den Tank hineinsehen zu können. Der Deckel lehnte an der Wand. Der Tote trug einen blauen Overall.

«Wir haben alles gelassen, wie es war», sagte der junge Beamte eifrig.

«Na hoffentlich war er da schon tot», brummte Bienzle.

«Aber sicher, wenn er doch schon seit drei Tagen drinliegt.»

«Woher wissen Sie das?»

«So lange fehlt der Herr Hägele schon.»

«Sagt wer?»

«Die Frau Hägele!»

«Ist Ihnen etwas aufgefallen, Herr Kollege?»

«Nein!»

«Nichts?»

Bienzle fixierte den jungen Beamten der Schutzpolizei.

«Was soll mir denn aufgefallen sein?» fragte er unsicher.

«Zum Beispiel alles, was außer der Leiche noch da drin rumschwimmt.»

«Hä?»

«Holen Sie mal eine Lampe!»

Der Uniformierte sah Bienzle ratlos an. «Im Zweifel den Suchscheinwerfer aus Ihrem Dienstwagen, verdammt noch mal.»

Im Licht des Suchscheinwerfers erkannten sie ein paar Holzstiftchen und eine Art Schlauch.

«Rausholen!» kommandierte Bienzle.

Die Holzstiftchen erwiesen sich als Streichhölzer. Der Schlauch war aus Plastik und ungefähr einen Meter lang. Bienzle drehte zwei Streichhölzer in der Hand.

«Die sind abgebrannt worden. Wenn einer den Hägele da drin verbrennen wollte, hat er's saudumm ang'stellt.» Er stieg von der Leiter. «Lassen Sie die Leiche bergen, und das Zeug da kriegt die Spurensicherung.»

Bienzle stapfte die Kellertreppe hinauf. Hinter einer Tür im Erdgeschoß hörte er Stimmen. Er ging hinein, ohne anzuklopfen und kam in eine gemütliche Küche. Auf einer Eckbank saß eine etwa dreißigjährige Frau und putzte Gemüse. Ihr gegenüber stand, an ein altes Küchenbüfett gelehnt, ein älterer uniformierter Beamter. Die Frau lächelte, was Bienzle irritierte.

«Grüß Gott», sagte der Kommissar, «Bienzle mein Name, ich komm vom Landeskriminalamt.»

«Gutbrod», stellte sich der Beamte vor.

«Frau Hägele?»

Die Frau nickte, ohne ihre Arbeit zu unterbrechen.

«Wir bergen die..., ich mein Ihren Mann. Sie sollten dann mitkommen.»

Die Frau schüttelte den Kopf.

Bienzle setzte sich.

«Wir müssen ihn aber identifizieren.»

«Ich habe ihn schon gesehen.»

«Haben Sie ihn selber entdeckt?»

«Ja.»

«Und dann?»

«Ich weiß nicht so genau.»

«Sie hat uns angerufen», sagte Gutbrod.

«Wann war das?»

«Vierzehn Uhr dreißig.»

Bienzle schaute auf die viereckige Küchenuhr, die über der Tür hing. «Vor zwei Stunden also.»

Bienzle betrachtete die Frau. Sie war klein, zierlich und hatte ein glattes, rundes Gesicht, das ihn an eine Puppe erinnerte. Sie wirkte wenig beeindruckt.

«Hatte Ihr Mann keine Arbeit, oder warum war er daheim?» fragte Bienzle.

«Er schafft Schicht. Zur Zeit nachts.»

Bienzle sah die Frau einen Augenblick sprachlos an. Dann sagte er: «Ich denk, er fehlt seit drei Tag!»

«Ja, schon!»

«Aber...», ihm fiel dazu im Augenblick nichts ein.

«Des war nix B'sonders.»

«Ach so ist das!»

«Ja, so ist das!» Sie warf das geputzte Gemüse in ein Sieb, stand auf und ging zum Spülbecken. Draußen waren Stimmen zu hören. Dann schwere Schritte. Eine Männerstimme rief aufgebracht: «Was soll denn das alles?»

Die Tür wurde aufgerissen. Die Frau drehte sich um. Auch Bienzle wandte seinen Kopf zur Tür. Auf der Schwelle stand ein grobschlächtiger Mann, die Klinke noch in der Hand. Er trug einen blauen Overall.

«Anton!» Frau Hägele hatte den Namen ganz leise ausgesprochen.

«Was tut die Polzei hier?» brüllte der Mann unbeherrscht.

Und als niemand antwortete: «Ich will eine Antwort, und zwar sofort! Und wer sind Sie?» schrie er Bienzle an. Bienzle lächelte: «Herr Hägele?»

«Ja, wenn Sie nix dagege habet – und das hier ist mein Haus!»

«Aber Anton, du bist doch...» Die Frau hielt inne und legte die Hand auf den Mund.

«Wir dachten, Sie seien tot!» sagte Bienzle ruhig und wurstelte seine Ausweiskarte aus der Manteltasche. Hägele grinste und sagte zu seiner Frau: «Des hättest' wohl gern, was?»

«Anton, bitte!» Frau Hägele begann das Gemüse zu waschen. Der Polizist Gutbrod sagte: «Also ich versteh' gar nichts mehr.»

«In Öl eingelegt!» Professor Dr. Hahnisch vom gerichtsmedizinischen Institut schüttelte den Kopf. «Also so hat man mir noch nie eine Leiche gebracht, Herr Bienzle.»

Bienzle antwortete nicht. Er starrte die nackte Gestalt an.

«Was haben Sie denn? Sie gehören doch nicht zu denen, die gleich umfallen!»

«Christian Maria Herget!» sagte Bienzle.

«Wie bitte?»

«Ich kenn' den da!»

«Ach ja?» Hahnisch hob den Kopf. «Ein Kunde von Ihnen?»

«Kann ich mal...?» Bienzle zog den Telefonapparat zu sich her und wählte.

«Den hab ich selber auf Nummer Sicher gebracht vor... warten Sie mal...», dann sprach er in den Hörer: «Gächter, die Leich' in Eichenbach, das ist der Herget..., Christian Maria. Hast du was gehört, daß der..., ja warum sagt mir das denn keiner!!»

Er warf den Hörer auf die Gabel. «Na?» fragte Hahnisch.

«Ausgebüchst, wie mein Kollege das nennt – vor drei Wochen!»

«Und wofür hat er gesessen?»

Bienzles Laune wurde von Sekunde zu Sekunde schlechter. «Na, für Handtaschendiebstahl bin i ja net zuständig.»

Hahnisch war wenig beeindruckt.

«Mord also!»

«Sie haben eines der Opfer selber in Ihre Finger g'habt.»

Der Professor versuchte sich zu erinnern, gab es aber schnell auf.

«Mann oder Frau?»

«Frau. Ich hör' Sie doch noch, Professor: ‹Selbst im Tode noch eine Schönheit. Ein solcher Mord wiegt doppelt schwer›, wörtlich haben Sie das gesagt.»

«Gabriele Wiedemann.»

«Richtig. Gabriele Wiedemann», bestätigte Bienzle – «Mutter von zwei Kindern, alleinerziehend, wie das jetzt heißt. Nicht reich, aber gut versorgt. O Mann, o Mann, war ich froh, als ich den Herget hatte! Obwohl – den Kindern hat das auch nicht geholfen. Zwei Banken hat er außerdem überfallen und den Kassenboten eines Kaufhauses – den hat er übrigens auch erschossen.»

Bienzle ging dem kahlen, gekachelten Raum auf und ab und blieb schließlich abrupt vor dem Professor stehen. «Wie kommt Christian Maria Herget, der schöne Christian – wie kommt der ausgerechnet nach Eichenbach in den Wiesengrund Nummer 7, zu einem Eisendreher, der am Feierabend seine kleine Landwirtschaft betreibt und am Wochenende seine Frau betrügt? Der Hägele sagt, er kennt ihn nicht, und die Frau Hägele sagt gar nix.»

«Vielleicht hat sich der Herget im Keller versteckt, ohne daß die Hausbewohner etwas bemerkt haben.»

Bienzle schüttelte den Kopf. «Die lügen beide, aber fragen Sie mich nicht, warum, Professor.»

«Sie werden schon dahinterkommen, Herr Bienzle.»

«Oder auch nicht.»

Bienzle stapfte mißmutig Richtung Tür. Der Professor sagte: «Der Tod ist gegen 11.30 Uhr eingetreten. Mich irritiert dabei allerdings etwas.»

Bienzle blieb stehen, ohne sich umzudrehen.

«Und das wäre?»

«Der Mann muß viel länger im Öl gelegen haben.»

«Was?» Jetzt drehte sich der Kommissar noch einmal um. «Sagen Sie das noch mal.»

«Einmal reicht. Sie sind doch nicht begriffsstutzig, Bienzle!»

Mit der Dämmerung hatte ein leichter Nieselregen eingesetzt. Bienzle stand unschlüssig vor dem Haus des Ehepaares Hägele. Nur das Küchenfenster war erleuchtet. Bienzle ging ein paar Schritte darauf zu, blieb dann aber stehen, kehrte schließlich um und lehnte sich an einen Baum am Straßenrand. Ein Routinefall, hatte der Kollege Gächter gemeint. So nach dem Muster, Ehefrau bringt ungetreuen Mann um. Bienzle lachte leise. Der Regen nahm zu. Wind kam auf. Bienzle fröstelte und zog den Mantel enger um seine Schultern. Wenn er so auf der Lauer lag, hatte er etwas von einer Katze an sich. Er verlor das Gefühl für die Zeit. Er stellte sich selbst ruhig, wie er das im stillen nannte. Er dachte an nichts Bestimmtes. Vor allem versuchte er, sich nicht mit dem laufenden Fall zu beschäftigen.

Als das Licht im Flur des Hauses anging, wußte der Kommissar dennoch, daß es fast genau zehn Uhr abends war. Die Tür ging auf. Hägeles massive Figur erschien in dem hellen Rechteck. Bienzle zog sich einen Schritt weiter hinter den Baumstamm zurück.

«Du hättest dich krank schreiben lassen können», hörte er Frau Hägele sagen.

«Warum denn?» antwortete ihr Mann.

«Nach allem, was passiert ist!»

«Ist ihm doch recht geschehen!»

Der Mann wendete sich der Straße zu. «Du gehst ja gar nicht ins Geschäft!» zeterte die Frau.

«Ach, halt doch dein ungewaschenes Maul», schrie der Mann wütend zurück und bückte sich nach einem Stein. Die Frau warf die Tür zu. Gerade noch rechtzeitig. Der Stein prallte vom Holz zurück.

Anton Hägele ging mit langen Schritten den Wiesenweg hinunter. Bienzle folgte ihm lustlos. An der nächsten Kreuzung wartete ein Wagen auf Hägele. Bienzle bückte sich, um zu erkennen, wer am Steuer saß. Es war ein Mann mit langen blonden Haaren, der wie Hägele einen blauen Overall trug – offensichtlich ein Arbeitskollege, wie Hägele auf dem Weg zur Nachtschicht.

Bienzle ging zurück und klopfte an die Tür. Im ersten Stock öffnete sich ein Fenster. «Was ist?» Bienzle fiel jetzt erst auf, daß Frau Hägele eine Stimme hatte, die überhaupt nicht zu ihrem Äußeren paßte – grell und scharf. «Ich hab noch ein paar Fragen – Bienzle!»

«Jetzt noch?»

«Sag' ich doch!»

Die Frau seufzte und schloß das Fenster.

Bienzle schob sich schwerfällig auf die Eckbank. Frau Hägele stellte wortlos eine Flasche Bier und ein Henkelglas vor ihn auf den Tisch.

«Warum meint Ihr Mann, es sei ihm grad recht geschehen?» fragte er unvermittelt.

«Ach, mein Mann – der sieht doch Gespenster!»

«Ach ja – was für welche denn?»

«Er meint, ich hätte einen Liebhaber gehabt.»

«Und?»

«Was und?»

«Habet Sie ein' g'habt?»

«Nein!» sagte sie trotzig.

«Christian Maria Herget war bekannt dafür, daß er Frauen... na ja, daß er bei Frauen gut ankam.»

«Ist das der Tote?»

Bienzle ging auf die Frage nicht ein. «Ich frag' mich bloß, wie kommt der schöne Christian hierher – also nix gege Eichenbach, aber der Herget hat's immer lieber städtisch g'habt. Haben Sie immer schon hier g'lebt?»

«Ich stamme aus Stuttgart.»

«Ihr Mann hat eine Freundin?»

«Eine...?!» Sie lachte bitter auf.

Bienzle blinzelte.

«Und das bei so einer Frau!»

«Er liebt halt die Abwechslung», sagte sie obenhin, «dem Anton kommt's gar nicht darauf an, wie eine aussieht, oder wie sie ist, der ist bei Frauen ein Vielfraß und ein Allesfresser.»

«Wie lang war der Christian Herget schon im Haus, ohne daß es Ihr Mann gemerkt hat?»

Bienzle hatte aufs Geratewohl gefragt, aber die Wirkung schien ihm recht zu geben.

«Was wissen Sie? Waren Sie bei meinem Vater?»

Bienzle wiegte den Kopf hin und her, was man durchaus als Zustimmung werten konnte.

«Also?»

«Ich sag nix!»

Bienzle nahm einen kräftigen Schluck.

«Haben Sie keine Kinder?»

Frau Hägele schüttelte den Kopf.

«Warum bleiben Sie dann bei dem Mann?»

«Er hat ja nicht nur schlechte Seiten!»

«Erzählen Sie doch einmal von seinen guten!»

Sie sah auf.

«Es gibt Tage, da kommt er mit Blumen oder Pralinen heim. Oder mal mit einer neuen Schallplatte – Tanzmusik meistens. Und dann hat er oft auch eine gute Flasche Wein gekauft. Dann sitzen wir zusammen, reden und lachen, und zum Schluß tanzen wir meistens sogar noch ein bißchen. Er tanzt wirklich gut – das sieht man ihm nicht an, aber es stimmt.» Sie sah verträumt auf ihre Hände. «Ja, und das sind dann auch die Abende, wo wir, oder die Nächte halt... Sie wissen schon.»

«Die Nächte, in denen Sie wieder einmal miteinander schlafen!» sagte Bienzle sachlich. Frau Hägele wurde ein wenig rot, aber sie nickte tapfer.

«Und wie war's mit Christian Herget?»

«Sie lassen nicht locker, gell?» Frau Hägele ging zum Kühlschrank und holte eine neue Flasche Bier für Bienzle, obwohl er seine erste Flasche noch gar nicht ausgetrunken hatte.

Bienzle nickte. «Ich gelt' als zäh, ja!»

Frau Hägele setzte die Flasche hart auf, ging zum Küchenbüfett, entnahm einer Schublade eine Zigarrenschachtel, kramte darin und förderte schließlich einen Ausweis zutage. Sie blätterte und reichte ihn dann Bienzle aufgeschlagen. «Annemarie Hägele, geborene Meier», las Bienzle.

«Geschiedene Herget!» vollendete die Frau.

«O du liebs Herrgöttle von Biberach», entfuhr es Bienzle, «wie habet dich die Mucke verschisse!»

Er kratzte sich in seinem unordentlichen Haarschopf.

«Ihr erster Mann also!»

Sie nickte, und Tränen traten in ihre Augen.

«‹Die finden mich nie – nie finden mich die Bullen›, hat er immer gesagt und gelacht dabei, ‹ich hab ein Versteck, da kommt nicht mal der Bienzle drauf› – daher kenn' ich übrigens Ihren Namen.»

Bienzle gab einen unartikulierten Laut von sich.

«Er hat es jeden Tag geübt. Eine Riesenschweinerei, sage ich Ihnen. Untergetaucht ist er und hat durch den Plastikschlauch geatmet – Schnorcheln hat er's genannt.»

«Da hätte ihn tatsächlich keiner gesucht, und selbst wenn man den Deckel aufgemacht hätte, wäre wohl niemand was aufgefallen.»

«In unserer Dusche hat's gestunken, Sie glauben's nicht.»

«Was ich nicht glaube», sagte Bienzle, «ist, daß Sie ihn so ohne weiteres aufgenommen haben – und vor allem, daß Ihr Mann – Ihr jetziger, meine ich – damit einverstanden war.»

«Ach der!»

«Sie meinen, dem war's egal?»

«Ich weiß es nicht, wirklich nicht, ich hab keine Ahnung. Eigentlich sollte man doch denken – und am Anfang hat er auch getobt, aber dann war alles plötzlich ganz anders. Mit einemmal waren die zwei dicke Freunde, steckten die Köpfe zusammen – wahrscheinlich redeten sie über mich.»

Bienzle stand auf, eine seltsame Erregung hatte ihn plötzlich gepackt. Christian Maria Herget hatte Beute gemacht. Und nicht zu knapp. Vor allem nicht allein – ihm war zuzutrauen, daß er seinen Teil auf besonders intelligente Weise versteckt hatte. Und womöglich auch den seiner Komplizen. Er hätte einen Boten gebraucht, um an den Schatz heranzukommen – Hägele zum Beispiel.

«Was denken Sie?» fragte Frau Hägele.

«Ich glaube nicht, daß die beiden über Sie geredet haben.»

«Sondern?»

«Über Geld zum Beispiel.»

«Geld?» Die Frau sah den Kommissar ungläubig an.

Bienzle trank gurgelnd aus der neuen Flasche.

«Wer wußte noch, daß Herget bei Ihnen Unterschlupf gefunden hatte?»

«Niemand.»

«Gelogen!» sagte Bienzle ganz ruhig. «Ihr Vater wußte es, Sie haben's vorher selber g'sagt.»

Frau Hägele senkte den Kopf.

«Sie sollten auch was trinken», sagte Bienzle freundlich.

«Ich mag kein Bier!»

Bienzle hatte im Kühlschrank eine Flasche mit einem handgeschriebenen Etikett «Obstler» gesehen. Die holte er jetzt. Dann entnahm er dem Büfett zwei Schnapsgläser und goß ein. Frau Hägele trank hastig und schob das Glas zurück. Bienzle goß noch mal ein.

«Wie war das zwischen Herget und Ihnen?»

«Ich verstehe nicht.»

«Hat er Sie verlassen oder sind Sie von ihm weg?»

Frau Hägele sah an Bienzle vorbei und schwieg.

«Also er hat sich abgesetzt», sagte Bienzle. «Und wie war's jetzt, als er so plötzlich wieder kam – Ihr Mann hatte Nachtschicht, nicht wahr?» Jetzt sah sie ihn an.

«Wahrscheinlich könnte er mich immer rumkriegen – aber nicht hier in unserem Haus.»

«Hat er's probiert?»

«Natürlich!»

Bienzle nickte. «Aber Ihr Mann kam dazu.»

«Er hat eine dreckige Bemerkung gemacht. Und dann ist er gleich mit mir ins Bett. Irgendwie hat ihn das...» sie unterbrach sich.

«Tja, so was soll's geben!» sagte Bienzle. «Hatte er denn in jener Nacht keine Schicht?»

«Ich glaube nicht, daß er überhaupt noch arbeiten geht.»

«Ich habe ihn vorhin mit einem Arbeitskollegen wegfahren sehen. Vorne an der Kreuzung.»

«Na und? So einer wie Anton würd's nicht zugeben, daß er arbeitslos ist – der doch nicht. Der würde ewig so tun, als ob er zur Arbeit ging, aber in Wirklichkeit tät' er sich bloß rumtreiben.»

«Na ja, das würden Sie aber doch merken. Und Sie könnten sich ja auch vergewissern.»

Sie fuhr auf. «Ich – meinem Mann nachspionieren?!»

«Es kann Situationen geben...»

«... vor denen man sich nur fürchten kann. Ja!»

Sie hielt das Schnapsglas fest in der Hand, und plötzlich schlug sie es flach auf die Tischplatte – Splitter tanzten über den Tisch. Blut quoll zwischen ihren Fingern hervor. «Waschen Sie's aus», sagte Bienzle sachlich.

Vom Wasserhahn her sagte sie erstaunlich ruhig: «Ich leb' wie in einem Raum ohne Licht und Luft. Ich glaub', kein Mensch ist mir so fremd wie mein eigener Mann. Was soll ich denn tun? Ein Tag ist wie der andere, nur daß es mir immer enger wird. Ich hab das Gefühl, die Wände und die Decke wachsen auf mich zu. Ganz langsam, aber unaufhörlich. Dann denk' ich, ich muß ersticken, dann brauch' ich Luft, Luft, Luft!»

Sie rannte quer durch die Küche und riß das Fenster auf.

«Weg, weg, geh weg, verschwinde!» schrie sie plötzlich.

Bienzle erhob sich, obwohl er ganz sicher war, daß sie nicht wirklich jemand sah. Aber der Mann vor dem Fenster war keine Erscheinung. «Beruhige dich doch, Annemarie!» sagte er.

Die Stimme klang ruhig und tief. Das Licht, das aus dem Fenster fiel, ließ das Gesicht des Mannes zwar verschwommen erscheinen, aber der Kommissar war sich dennoch sicher, daß der Mann da draußen alt war – eher siebzig als sechzig.

«Wen hast du bei dir?» fragte der Mann. Bienzle antwortete selbst: «Mein Name ist Bienzle, Ernst Bienzle...» setzte er bedächtig hinzu. «Ich bin vom Landeskriminalamt und untersuche einen Todesfall.»

«Komm doch rein, Vater», sagte Annemarie Hägele.

«Du weißt, das Haus betret' ich nicht – niemals!»

Er wandte sich zum Garten. Bienzle schwang mit erstaunlicher Behendigkeit die Beine über den niedrigen Fenstersims.

«Der Garten ist doch auch ein Teil des Hauses, oder?»

Der alte Mann schritt den schmalen Gartenweg hinunter. Bienzle folgte ihm. Er hörte noch, wie hinter ihm die Fensterflügel heftig zugeworfen wurden. Am Gartentor holte Bienzle den anderen ein. Auf dem kurzen Weg hatte er sich den Kopf zerbrochen: Wie hieß der Vater von Annemarie Hägele, was war sie für eine Geborene? Irgendein Allerweltsname. Er ging neben dem Alten her.

«Ich heiße Meier», sagte Annemaries Vater nach einiger Zeit.

«Mhm», machte Bienzle. Er hatte Zeit und konnte warten, die

Nacht war sowieso angebrochen, ein Zimmer hatte er nicht gesucht. Da konnte er mit der Rückfahrt auch bis zum Morgen warten.

«Was weg ist, brummt nimmer», hatte sein Vater immer gesagt. Der Spruch war ihm, wie alle anderen goldenen Worte seines Vaters, im Gedächtnis geblieben. «Die besten Händel sind nichts nutz» zum Beispiel, oder «Wenn du einen rußigen Hafen anlangst, kriegscht schwarze Händ».

Der alte Meier war kein rußiger Hafen (Kessel sagen die Norddeutschen dazu). Hafen klang eigentlich nur in der schwäbischen Verkleinerung: «Häfele». Da fiel ihm ein Spruch seiner Mutter ein, den sie unweigerlich brachte, wenn er sich mit seinem Bruder einst gestritten hatte. «Da wird der eine 's Schüssele verschüttet habe und der andere 's Häfele!» Denn ein Häfele war halt auch ein Schüssele.

«Was habet Sie denn?» fragte der alte Meier.

«Ja, ja», sagte Bienzle zu sich selbst, «der eine hat des Schüssele verschüttet und der andere 's Häfele. »

«In dem Fall net!» sagte der alte Meier scharf.

«Sondern?» Sie gingen noch immer dicht beieinander.

«Der Christian hat alles auf'm Gewissen!»

«Und Hägele?»

«Ein Taugenichts und Tunichtgut, weiter nix. Aber meine Annemarie hat mit de Männer nix als Pech.»

Bienzle hätte gerne gesagt, daß dazu immer zwei Seiten gehören. Aber er schwieg. Nach einer Weile blieb er stehen. «Haben Sie Feuer?» fragte er den alten Mann. «Sie auch ein Zigarillo?»

«Danke.» Meier bediente sich und riß ein Streichholz an. Zum erstenmal konnte der Kommissar das Gesicht des Alten genauer sehen. Es gefiel ihm – ein schmales Gesicht, ernst. Tiefe senkrechte Furchen liefen in gerader Linie von der Stirn zum Kinn. Die Augen waren dunkel und wirkten traurig auf Bienzle.

«Ziehen Sie doch!» sagte Meier. Das Streichholz verlosch.

Bienzle sagte: «Haben Sie gewußt, daß sich Herget bei Ihrer Tochter versteckt?»

Meier antwortete nicht.

«Wenn Sie in der Nacht den Kopf schütteln, seh' ich's nicht. »

«Ich hab ihn gar nicht geschüttelt. »

«Sie haben's also gewußt?»

«Ja, seit drei oder vier Tagen.»

«Drei oder vier?»

«Drei!»

«Gibt's hier irgendwo eine Wirtschaft, wo man noch a Viertele kriegt?»

«Ich hab en Moscht im Keller!»

«Des ischt besser – viel besser!» sagte Bienzle.

Das kleine Bauerngehöft Meiers lag etwas außerhalb des Dorfes. Die beiden Männer hatten nicht gesprochen, bis sie es erreichten. Dann sagte Bienzle: «Ich dachte, Sie seien nicht vom Land?»

«Das stimmt nicht. Wir sind erst vor acht Jahren hierher. Ich hab mit Sechzig aufgehört und mir einen alten Traum erfüllt: die eigene Landwirtschaft.»

Bienzle nickte. Das verstand er. «Wohnen Sie alleine hier?»

«Meistens, ja – auf dem Feld habe ich eine Hilfe – aber nur tagsüber, ich mein', abends geht der Gregor heim.»

«Hilft denn Ihr Schwiegersohn manchmal?»

«Daß der meinen Betrieb au no kaputt macht? 's langt, wenn er sich selber ruiniert.»

Die Küche war ganz ähnlich eingerichtet wie bei den Hägeles. Dieselbe gestaltende Hand. Bienzle sagte denn auch: «Das hat Ihnen Ihre Tochter eingerichtet, gell?»

Meier nickte und holte einen Steingutkrug aus einem alten Küchenschrank. Er hatte schon die Tür erreicht, als Bienzle fragte: «Ihre Frau lebt nicht mehr?»

«Nein, leider!» Meier ging hinaus. Bienzle hörte die Schritte auf der Holztreppe, die unter jedem Tritt ächzte. Was soll ich eigentlich weiter ermitteln? fragte sich der Kommissar. Herget hat sein Versteck ausprobiert, und dabei ist er erstickt – basta. Er hat sich selbst den Rest gegeben. Andererseits: Wenn der Atemschlauch sich so gedreht hatte, daß er unter die Oberflächen geraten war – warum war dann der Herget nicht einfach aufgestanden, warum war er dann nicht einfach hustend und prustend herausgestiegen und unter die Dusche gegangen? Schwer vorzustellen, daß er ohne fremde Einwirkung im Heizöl erstickt war.

Meier kehrte zurück und goß Apfelmost in zwei dickwandige, hohe

Gläser. Bienzle sah auf die Uhr. Es war kurz vor Mitternacht. «Eigentlich Zeit fürs Bett», sagte Bienzle.

«In meinem Alter braucht man nicht mehr viel Schlaf.» Meier trank dem Kommissar zu. Bienzle versuchte den Blick des Alten aufzufangen, aber das gelang nicht. Meier starrte in sein Glas.

«Oft sitz' ich bloß so da und guck zu, wie die Zeit vergeht», sagte der Alte leise. «Als wir damals hierher gezogen sind, hab ich gedacht, auf so einem Dorf wär' man weniger allein, weil halt alles kleiner und überschaubarer ist, weil man sich kennt und miteinander redet. Aber ich glaub', das gilt nur für die, die schon immer hier gewohnt haben. Ein harter Kern von Uralt-Einwohnern.»

Er nahm einen großen Schluck. «Ich kann den Leuten nicht nachlaufen.»

«Jeder ist für sich allein», sagte Bienzle.

«Schöner Trost.»

«Ich bin Polizist und kein Pfarrer – übrigens, Ihr Most ist gut. Man spürt, daß der sauber ist und daß Sie mit dem Wasser g'spart haben.»

«Wasser ist gar keins drin.»

«Wer hat wohl den Herget umgebracht?» fragte Bienzle unvermittelt.

«Als ob das wichtig wäre.»

«Natürlich ist's wichtig. Wir können nicht damit anfangen, einen Mörder frei rumlaufen zu lassen, nur weil sein Opfer unsere Abneigung oder sogar unseren Haß verdient hat.»

«Hättet Ihr ihn net laufe lasse!» sagte der alte Meier trotzig.

«Vorhin schon sind mir ein paar Sprüche meines Vaters eingefallen – der war Schulmeister in einem Dorf bei Eichenbach. ‹Bloß wer nix schafft, macht keine Fehler›, hat er immer g'sagt.» Bienzle setzte sich aufrechter und sah dem alten Meier ins zerfurchte Gesicht. «Jetzt mal ehrlich, Sie habet in letzter Zeit das Haus Ihrer Tochter nicht betreten?»

«Nein!»

«Den Keller auch nicht?»

«Der Keller g'hört auch zum Haus!» Meier hob endlich den Kopf. Er sah Bienzle erstaunt an. «Ach, Sie denket, ich könnt's gewesen sein?»

«So wie's im Augenblick aussieht, kann's jeder gewesen sein, dem ich bis jetzt begegnet bin: Sie, Ihre Tochter, Anton Hägele. Jeder hätt' ein Motiv g'habt, net wahr?» Meier fuhr sich mit der flachen Hand über die Stirn.

«Der Christian hat doch zwei Banken ausgeraubt und den Kassierer vom Supermarkt überfallen, den er dabei erschossen hat. Das Geld muß doch irgendwo sein, oder?»

Bienzle lächelte. Er wußte, worauf der Alte hinauswollte.

«Richtig, Herget hatte mindestens einen Komplizen. Wir nennen ihn ‹den Fahrer›, weil er bloß Schmiere gestanden und das Auto gefahren hat.»

«Also noch einer, der ein Motiv hat, oder?»

«Ja, sicher. Nehmen wir an, der Fahrer hat die ganze Beute an sich gebracht, dann mußte er ein Interesse daran haben, daß Herget nicht wieder auftauchte.»

Für eine Augenblick sah Bienzle wieder die Leiche auf der braungrünlich schimmernden Öloberfläche schwimmen. Aber dann hatte er eine andere Idee. «Hat Anton Hägele ein Auto?»

«Das würde ihm wenig nützen – er hat keinen Führerschein mehr.»

«Drum, ich hab ihn um zehn heut'... also, das ist ja schon gestern gewesen – also gegen zehn ist er in einen Wagen gestiegen, wahrscheinlich, um zur Schicht zu fahren.»

«Ach was, der Anton fährt mit dem Fahrrad ins Geschäft – es sind ja bloß zwei Kilometer.»

Bienzle war nun sehr aufmerksam. «Es war ein kleiner Wagen – ziemlich alt. Ich glaub', ein Fiat 600.»

«So einen fährt der Gregor.»

«Der, der Ihnen bei der Feldarbeit hilft?»

«Mhm.»

«Ist der Gregor mit dem Hägele befreundet?»

«Der kann ihn nicht ausstehen.»

«Und warum net?»

«Weil er's genaue Gegenteil ischt, der Gregor – fleißig, anständig, sparsam, freundlich.»

«O jessas!» machte Bienzle, «wie alt?»

«Der Gregor? – vierundzwanzig.»

Bienzle hatte eine Idee. «Und er ist verliebt in Ihre Annemarie?»

«Auf jeden fall wär' mir der Gregor am Arsch lieber als der Hägele im G'sicht!»

«Vom Herget ganz zu schweigen, was?»

«Sie sagen es!»

Bienzle nippte an seinem Glas und beobachtete den alten Meier dabei.

«Dann hätten wir gleich noch einen Verdächtigen. Eifersucht ist ein starkes Motiv. Aber warum fährt er mit dem Anton Hägele nachts durch die Gegend – vorausgesetzt, der war überhaupt der Mann am Steuer!»

«Da fraget Sie mich zuviel, Herr Kommissar.»

«Sprechet Se mich lieber mit mei'm Name an, bitte.»

Bienzle schob das leere Glas über den Tisch und ließ sich nachgießen.

«Hat der Gregor den Herget gekannt?»

«Ja freilich. Der Gregor hat den Christian vom ersten Tag an bewundert. Am Anfang kamen die zwei fast jedes Wochenende zu mir raus. Sonst ist der Gregor nie am Samstag oder Sonntag hier aufgetaucht, aber das war auf einmal anders. Ich hab immer net g'wußt, kommt er wegen der Annemarie oder wegen dem Christian. Dabei war der Herget gar nicht freundlich zu ihm – eher abweisend. Überhaupt hat er so eine geschäftsmäßige Art gehabt, mit anderen Menschen umzugehen.»

Bienzle nickte. «Ich weiß, ich hab ihn stundenlang verhört – letztes Jahr nach seiner Festnahme. Könnte es denn sein, daß dieser Gregor ‹der Fahrer› war?»

Meier wiegte den Kopf. «Der Gregor ist schwach, und der Christian hat ihm imponiert.» Bienzle stand auf. «Wo wohnt der Gregor?» Meier goß ein wenig Most auf den Tisch und zeichnete in feuchten Spuren den Weg auf.

Das Haus, das Meier ihm beschrieben hatte, lag dunkel vor ihm. Im schwachen Licht einer Straßenlaterne wirkte es noch häßlicher, als es am Tag wohl war – eine einfallslose Fassade, zu schmale Fenster und zu kleine Balkone, dicht beieinander. Eineinhalb-, höchstens Zweizimmerappartements, dachte Bienzle. Gregor wohnte Hochparterre rechts, hatte Meier gesagt, sein Auto stehe normalerweise auf dem hauseigenen Parkplatz direkt davor. Der Platz war leer. Bienzle ging um das Haus herum. Eine schmale Treppe führte zu einem Umgang, von dem aus die Türen zu den Apparatements führten. Der Kommissar drückte den Knopf des Zweiminutenlichts. An der zweiten Tür stand auf einem unordentlich abgerissenen Stück Packpapier, das mit Klebestreifen festgemacht war, «Gregor Keller». Bienzle klingelte lang und anhaltend. Hinter der Tür rührte sich nichts. Das Licht erlosch. Bienzle dreht am Türknauf. Da hörte er plötzlich ein Geräusch. Er trat einen Schritt zurück. Hinter einer schmalen, schmutziggelben Scheibe in der Tür flammte ein Licht auf. Dann meldete sich eine verschlafene weibliche Stimme: «Is'n los da draußen?»

«Ich möchte zu Gregor Keller», rief Bienzle.

«Nicht da!»

«Machen Sie bitte mal auf!»

Die Tür öffnete sich einen Spalt breit. Bienzle sah in ein junges, bleiches Gesicht, vor dem ein paar blonde Haarsträhnen herabhingen. Mit einer unsicheren Bewegung strich das Mädchen die Haare zur Seite.

«Tut mir leid», sagte Bienzle. «Aber ich muß Herrn Keller dringend sprechen.»

«Ich auch!» sagte das Mädchen.

«Wollen wir dann vielleicht gemeinsam warten?»

Das Mädchen hob die Schultern und ließ die Tür vollends aufschwingen. Der Kommissar trat ein. Dumpfe, verbrauchte Luft schlug ihm entgegen. Der kleine Korridor führte an zwei offenen Türen, die offensichtlich zu Küche und Bad gehörten, vorbei geradeaus in ein Zimmer, das Keller durch ein Regal unterteilt hatte. Gleich neben der Tür stand ein zerwühltes Bett, hinter dem Regal hatte sich Gregor Keller einen Arbeitsplatz eingerichtet.

Das Mädchen schlüpfte wieder unter die Decke und rollte sich zusammen. «Hat er gesagt, wann er wiederkommt?» fragte Bienzle.

«Ich war nicht da, als er wegging. Ich hab einen eigenen Schlüssel!»

«Sind Sie Gregors Freundin?»

Das Mädchen lachte glucksend. «Ne, ne – ich bin seine Schwester.»

«Wohnen Sie hier?»

«Nur manchmal.»

Bienzle stand unschlüssig im Zimmer herum. Er zog den Mantel aus und warf ihn aufs Bett. Das Mädchen reagierte mit einer unwilligen Geste. Bienzle ging um das Regal herum und setzte sich an den Arbeitstisch, auf dem sich Notizen, Zeichnungen, Bücher und Hefte stapelten. Bienzle kramte ziellos herum und zog schließlich ein Schulheft zu sich heran. Er blätterte beiläufig darin, während sein Blick immer wieder durch die Glastür fiel, die auf den Balkon hinausführte. Es hatte wieder zu regnen begonnen; gleichmäßig schmale, schräge Streifen schraffierten das trübe Licht.

«Ihr Nein klingt jedesmal wie ein nur mühsam verdecktes Ja», las Bienzle. Er zog die Augenbrauen in die Höhe und las weiter in dem Schulheft. «Ein Ja ist immer nur ein Ja, wenn es hätte auch ein Nein sein können. Aber wie frei ist ein Mensch? Ist er frei genug, das selber zu entscheiden? Es gibt Abhängigkeiten – überall Abhängigkeiten. Sie muß es recht machen, das ist einzusehen. Aber wem? Ihrem Vater? Ihrer Herkunft? Ihrer Erziehung? Ich weiß, sie hätte lieber ja gesagt.»
Bienzle klappte das Heft zu. «So eine Art Philosophie!» sagte er.
«Was ist los?» kam es vom Bett her.
«Ihr Bruder, was macht der beruflich?» fragte Bienzle in die Richtung Schlafnische.
«Er ist arbeitslos. Das sind viele hier.»
«Und vorher?»
«Er hat eine kaufmännische Lehre gemacht!»
«Kennen Sie Anton Hägele?»
«Ja, aber jetzt will ich schlafen.»
«Gut – ich meine, kennen Sie den Hägele gut?»
«Ziemlich gut.»
«Lieben Sie ihn?»
Wieder ihr glucksendes Lachen. Sie schien sich wirklich königlich zu amüsieren.
«Den Anton? Liebe! So ein Wort nehm' ich gar nicht in den Mund.»
«Wie alt sind Sie?»
«Neunzehn, warum?»
«Nur so!» Bienzle blätterte wieder in dem Heft.

«Ihr Bruder nimmt das Wort Liebe aber schon mal in den Mund, oder?»
«Ach, der ist doch ein hoffnungsloser Fall.»

Der Kommissar hatte eine neue Stelle aufgeschlagen. Da waren ein paar Noten hingemalt. Darüber stand «Anatevka-Milchmann Tevje» und unter den Noten las Bienzle den Liedanfang «Wenn ich einmal reich wär', dideldideldideldum». Er summte die Melodie leise, blätterte um und hielt inne. Denn auf der nächsten Seite fand er eine penible Zahlenaufstellung.

DB-Filiale S	150 000,–
Raiffeisenkasse TÜ	190 000,–
Kasse Kaufhaus RT	94 570,–
	—————
	434 570,–
An Anton	250 000,–
Fluggeld 2 Personen	6 800,–
Grundstück / Haus	117 000,–
Sonstiges	12 000,–
	—————
Rest	125 200,–

Zinssatz 9,5 % jährlich – pro Jahr also 11 894,– – pro Monat 991,17

Es war für Bienzle kein Problem, die Rechnung zu entschlüsseln. Herget hatte nacheinander eine Deutsche Bank, Filiale Stuttgart, die Raiffeisenkasse in Tübignen und eine Reutlinger Kaufhauskasse ausgeraubt. Der Kaufhauskassierer hatte idiotischerweise Widerstand geleistet und mit seinem Leben dafür bezahlt. Auch der zweite Teil war leicht zu verstehen. «Er hat das Fell des Bären verteilt», murmelte Bienzle, «die Frage ist – hat er es schon?»
«Ich versteh' nicht», sagte das Mädchen schläfrig.
«Wohin will Ihr Bruder?»
«Sie meinen auswandern?»
«Mhm.»

«Nach Costa Rica – ein tolles Land. Auf dem Hochplateau ist das Klima gemäßigt. Es gibt keine Armee dort und mehr Lehrer als Polizisten. Sein Geld kann man in Dollar anlegen. Und wenn man nur genug hat, kann man gut von den Zinsen leben.»

Sie hatte es richtig heruntergeleiert, wie jemand Aussprüche zitiert, die er bis zur Bewußtlosigkeit immer wieder hören mußte.

«Hat er denn Geld?»

«Ach, der Gregor ist einer, der ganz sicher weiß, daß er mal im Lotto gewinnt.»

Bienzle klappte das Heft behutsam zu und steckte es heimlich in seine Brusttasche.

«Was will er denn machen in Costa Rica?»

«Landwirtschaft – Obst und Südfrüchte, was weiß ich. Er lernt ja richtig beim alten Meier. Sie züchten eine neue Apfelsorte.»

«Interessant!»

«Find ich nicht. Mann, Sie klauen mir meinen Schlaf.»

Bienzle schaute auf die Uhr. Es war kurz nach zwei.

«Wenn eine bestimmte Zeit überschritten ist, ist schon alles egal – *the point of no return*, sagen die Amerikaner. Der Punkt, an dem eine Umkehr nicht mehr möglich ist. Jetzt brauch' ich bloß noch zu warten.»

«Warten worauf? Was sind Sie überhaupt für einer?»

Das Mädchen hatte sich aufgesetzt und die Beine über den Bettrand geschwungen. Erst jetzt wurde Bienzle bewußt, daß sie außer einem einfachen Herrenhemd nichts anhatte.

«Ich bin Kriminalbeamter und untersuche den gewaltsamen Tod des Christian Maria Herget», sagte Bienzle gestelzt.

«Scheiße, 'n Bulle!»

«Haben Sie diesen Herget gekannt?»

«Durch den bin ich meine Jungfernschaft losgeworden, und zwar auf ausgesprochen fröhliche Art.» Sie lachte ihr glucksendes Lachen.

Bienzle wurde es unbehaglich, zumal sich das Mädchen nun im Schneidersitz auf dem Bett niedergelassen hatte. Das Herrenhemd war so weit zurückgerutscht, daß sich der Kommissar fast mit bloßem Auge hätte davon überzeugen können, ob das Mädchen mit der Behauptung recht hatte, sie habe ihre Jungfernschaft verloren.

«Aber jetzt ist er tot», sagte Bienzle.

«Der Christian hat sich immer überschätzt, das war sein Fehler.» Gregors Schwester stand auf, ging in die kleine Küche und füllte Wasser in die Kaffeemaschine.

«Ich hab ihn gekannt», sagte Bienzle, der dem Mädchen nachgegangen war und nun am Türrahmen lehnte.

«Gregor hat im kleinen Finger mehr Verstand als Christian in seinem ganzen Hirn.»

«Trotzdem war er ja wohl ein bißchen abhängig von Herget.»

«Ein bißchen? Total! Aber das passiert anderen auch. Annemarie zum Beispiel, Hergets geschiedene Frau – wann immer Christian bei ihr auftauchte, schmolz sie hin. Der hatte so was wie ein geheimes Glockenspiel. An ihrem 26. Geburtstag zum Beispiel erschien er mit 26 stinkteuren Baccarat-Rosen und 26 Flaschen Sekt. Der Hägele war schon nach zwei Stunden so blau, daß man ihn einfach vom Stuhl kippen konnte. Wenn's was umsonst gibt, säuft der im Akkord. Mein kleiner Bruder saß die ganze Zeit nur da und glotzte die Annemarie an. Der denkt immer, er braucht seine Liebe nur zu zeigen, und irgendwann wird der Zauber überspringen. Aber sie hatte nur Augen für Herget. Mann o Mann, gingen die ran! Die hatte uns ganz schnell vergessen. Und ich hab nachher Mühe gehabt, meinen guten Gregor daran zu hindern, von der Brücke zu springen.» Sie drückte Bienzle zwei Tassen in die Hand.

«Warum erzählen Sie mir das alles so freimütig?» wollte der Kommissar wissen.

Das Mädchen stellte die Kaffeemaschine ab.

«Kennen Sie das Gefühl, wenn man irgendwie nicht mehr atmen kann – keine Luft mehr kriegt? Wenn alles so dumpf ist. Da denkt man dann, es müßte ein Gewitter kommen. Blitz und Donner und ganz kalter, frischer Regen. Gedonnert hat's nun zum erstenmal, als Herget starb, aber das richtige Gewitter fehlt noch – das Gewitter, das reinigt, verstehen Sie. Das wäre toll, wenn mit einem Schlag die ganze Verlogenheit aufgedeckt würde und ein paar Wahrheiten ans Licht kämen.»

«Welche zum Beispiel?»

«Zum Beispiel, daß der Anton und die Annemarie längst auseinander sind, obwohl sie noch immer so tun, als wären sie ein Paar. Oder daß der alte Meier ein rücksichtsloser, egoistischer Spießer ist. Gregors

Luftschlösser gehören auch dazu. Costa Rica! Annemarie und das einfache Leben! Der reine Schwachsinn! Und dann: Halten Sie's denn für normal, daß einer arbeitslos ist und trotzdem immer so tut, als ginge er zur Arbeit?»

«Sie meinen Anton Hägele?»

«Wen denn sonst!»

Das Mädchen ging dicht an ihm vorbei ins Zimmer zurück.

Bienzle atmete ihren Geruch ein. Es hätte nicht viel gefehlt und er hätte nach ihrer Schulter gefaßt, um sie an sich zu ziehen. Er räusperte sich und stellte die Tassen auf einem niedrigen Tisch vor dem Bett ab.

«Derjenige oder diejenige, die den Herget ins Öl gedrückt haben, um ihn auf diese viehische Weise umzubringen, müssen dafür bezahlen», sagte er grimmig. «Das war ein klar geplanter Mord, und der bringt den Täter ein halbes Leben hinter Gitter – mindestens.»

«Na und?»

«Und wenn's Ihren Bruder träfe?»

Das Mädchen lachte hell auf. «Gregor? – ausgeschlossen!»

Bienzle setzte sich auf einen wackligen Korbsessel. «Ich bin jetzt – mit Unterbrechungen – vierzehn Jahre beim Mord. Und wenn ich in der langen Zeit eines begriffen habe, dann das, daß jeder zum Mörder werden kann – jeder!»

«Wann ist es passiert?»

«Gestern gegen 11 Uhr.»

«Da war Gregor draußen in den Heckenäckern – pflügen. Der alte Meier hat dort drei Felder.»

«Und wo waren Sie?»

«Supermarkt Billigland, Stand für Dekorationsstoffe und Vorhänge – da arbeite ich nämlich.»

«Also wissen Sie nur vom Hörensagen, daß Ihr Bruder zur fraglichen Zeit auf dem Feld war?»

«Hörensagen! Bullensprache!»

Bienzle nippte an seinem Kaffee. «Der weckt ja Tote auf!» sagte er und merkte erst Sekunden später, daß der Spruch jetzt gerade vielleicht nicht so angebracht war.

Vor dem Haus war ein Automotor zu hören. Scheinwerferlicht wischte über das verschmierte Glas der Balkontür. «Das wird er sein», sagte das Mädchen und kroch wieder unter die Decke. Kurz darauf ging die Tür auf. Ein hagerer junger Mann in Jeans und einem blauen Pullover kam herein. Er trug sehr lange Haare und einen schmalen Kinnbart. Der Körper wirkte sehnig und durchtrainiert.

«Rück ein Stück», rief er, noch bevor er ganz im Zimmer war, «ich bin hundemüde.»

Er zog den Pulli über den Kopf. «Hey, wir sind nicht allein», rief seine Schwester.

«Was ist los?»

Bienzle trat hinter dem Regal hervor.

«Na, alles klar mit dem Geld?»

Gregor Keller hatte fast im gleichen Augenblick ein Messer in der Hand, und die Art wie er es – Spitze nach vorne – auf der flachen Handfläche wog, zeigte, daß er damit umzugehen verstand.

Bienzle lächelte gequält. «Der Mann, der keiner Fliege etwas zuleide tun könnte.»

«Wer sind Sie?» zischte Gregor.

«'n Bulle!» rief das Mädchen vom Bett her.

«Hat er dir was getan?»

Wieder das lustige, glucksende Lachen.

Die Spitze des Messers war noch immer auf Bienzle gerichtet. Der Kommissar fror an den Händen. Das war bei ihm immer so, wenn er Angst hatte. Bienzle war – wie meistens – unbewaffnet, und er stand mit dem Rücken zur Wand.

Er hätte Gregor Keller festnehmen können, denn er war sich ziemlich sicher, daß Hergets «Fahrer» vor ihm stand. Die sauberen Eintragungen in dem Schulheft hätten den «hinreichenden Verdacht» untermauert. Zudem: Die wilde Entschlossenheit, die der junge Mann an den Tag legte, ließ sich durchaus so interpretieren, daß er kurz vor dem Ziel seiner Wünsche stand, und das hieß, daß er das Geld hatte, oder doch wußte, wo es zu holen war. Bienzle sagte: «Na, dann werde ich mal gehen, wenn ich hier so unerwünscht bin.»

Gregor veränderte seine Haltung nicht. Bienzle ging zum Bett und holte seinen Mantel. Das Mädchen steckte seinen Kopf unter der Decke hervor. Bienzle sagte: «Wie heißen Sie eigentlich?»

«Sybille – Sybille Keller!»

«War nett – und vielen Dank für den Kaffee!» sagte Bienzle und ging Richtung Tür.

«Gute Nacht, schlafen Sie gut!» rief das Mädchen.

«Heute nacht werd' ich wohl kaum mehr schlafen!»

Bienzle sah Gregor einen Augenblick an. Er empfand tiefes Mitleid für den jungen Mann. An der Tür blieb er noch einen Augenblick stehen und schaute in das Zimmer zurück. «Daß Sie mich bedroht haben, ist Ihnen ja sicher klar, und daß ich Ihnen daraus einen Strick drehen kann, auch. An Ihrer Stelle wäre ich ab jetzt äußerst vorsichtig. Keine falsche Bewegungen, junger Mann, und das gilt nicht nur, wenn Sie ein Messer in der Hand haben!»

«Aprilwetter im März!» knurrte Bienzle und schlug den Mantelkragen hoch. Er warf noch einen Blick zu der erleuchteten Balkontür hinauf, dann ging er in die naßkalte Nacht hinein. Aber nur ein paar Schritte, da hörte er ein metallisches Klirren und einen leisen Fluch. Im gleichen Augenblick verlosch das Licht, das durch die Balkontür fiel. Bienzle bildete sich ein, bei dem kleinen Auto eine Gestalt gesehen zu haben. Aber er ging weiter die Straße hinunter und pfiff laut vor sich hin: «Wenn ich einmal reich wär' . . . » Er bog in die nächste Straße ein, blieb stehen, pfiff immer leiser, hörte dann auf und pirschte sich zur letzten Hausecke zurück. Inzwischen hatten sich seine Augen so gut an die Dunkelheit gewöhnt, daß er sehen konnte, wie die Gestalt an dem Auto hantierte. Der Größe und der Figur nach konnte es Anton Hägele sein. Vorsichtig ging der Kommissar näher heran. Der Mann im Dunkeln machte sich nacheinander an allen vier Rädern zu schaffen. Achtlos warf er danach den Schraubenschlüssel in den kleinen Kofferraum und drückte die Haube leise zu. Er schlug die Hände gegeneinander und machte sich auf den Weg, wobei er direkt auf Bienzle zukam. Der Kommissar ging hinter einem Müllcontainer in Deckung.

Es war Anton Hägele. Daran bestand jetzt kein Zweifel mehr. Bienzle ließ ihn passieren. Er wartete noch zwei Minuten, kam dann hinter der Mülltonne hervor und schlich sich zu dem Auto. Der Kofferraum ließ sich leicht öffnen. Bienzle griff sich den Kreuzschlüssel. Nacheinander kontrollierte er die vier Räder. Alle Schrauben waren abgedreht und nur lose wieder auf das Gewinde gesteckt. Bienzle zog sie nacheinander alle wieder fest. Dann folgte er Anton Hägele. Er hörte ihn, lange bevor er das Haus am Wiesenweg erreichte.

«Mach auf, du verdammte Hure!» brüllte Hägele.

Klirren und Splittern von Glas war zu hören.

«Was fällt dir ein – zieht den Schlüssel ab!»

Bienzle stieß das Gartentor auf. «Morgen, Herr Hägele!»

«Was? Wie? Was ist los?»

«Darauf pflegte mein Vater zu sagen: ‹Alles was net festg'macht ischt!›»

«Meine Frau hat den Schlüssel gesteckt von innen!»

«Sie wird ihre Gründe haben!»

«Saudummes G'schwätz.» Er donnerte mit dem Fuß gegen die Tür.

«Wo waren Sie heute nacht?» fragte Bienzle.

«Was ist los?»

«Wo Sie waren in den letzten vier Stunden – die Frage ist doch leicht zu beantworten, oder?»

«Das geht Sie gar nichts an!»

«Da wär' ich an Ihrer Stelle nicht so sicher, Herr Hägele.»

«Ach, lasset Sie mich doch in Ruh!»

Jetzt ging im Haus ein Licht an. Aus dem Treppenhaus waren leichte Schritte zu hören. Der Schlüssel drehte sich im Schloß. Die Tür öffnete sich. Annemarie Hägele, geborene Meier, geschiedene Herget, stand vor ihnen. Sie hatte einen leichten Trenchcoat über die Schultern gehängt. Darunter trug sie ein zartgrünes Nachthemd. Hägele holte aus. Aber er kam nicht dazu, nach ihr zu schlagen. Bienzle war ihm rechtzeitig in den Arm gefallen. «Komm halt rein, Schatz», sagte Annemarie Hägele.

Bienzle massierte sich die Nasenwurzel mit Daumen und Zeigefinger. Plötzlich war die Müdigkeit doch über ihn gekommen. Er hatte den Hägeles eine gute Nacht gewünscht und dem Mann mit den möglichen Konsequenzen gedroht, falls er gewalttätig würde gegen die eigene Frau. Wortlos hatte Hägele die Tür zugemacht. Bienzle war ein paar Schritte gegangen und hatte sich an einen der Straßenbäume gelehnt. Offensichtlich lag das Schlafzimmer der beiden im ersten Stock. Einen Augenblick lang waren beide als Schattenrisse zu sehen.

Und wenn das Bild nicht trog, umarmten und küßten sie sich. Annemarie trat ans Fenster und öffnete es ein wenig. Sie war nackt. Antons Hände umfaßten sie. Der Mann stand massig hinter ihr, streichelte ihre Brüste und ihren flachen Bauch. Bienzle fühlte sich wie ein Spanner und zwang sich, wegzuschauen und sich abzuwenden. Kopfschüttelnd ging er den Weg hinunter.

Im Zentrum des Dorfes fand er eine Telefonzelle. Er schaute auf die beleuchtete Rathausuhr und lächelte zufrieden. Es war kurz vor vier Uhr. Er ließ es lange klingeln, legte dann auf, wählte die gleiche Nummer noch mal und zählte geradezu genüßlich die Freizeichen. Nach dem zwölften Mal hob sein Kollege Gächter ab. «Morddezernat – Gäch... ach Blödsinn, Gächter privat!» meldete er sich.
«Ja, hier Bienzle im Dienst.»
«Sag mal, weißt du, wie spät es ist?»
«Auf der Rathausuhr von Eichenbach ist es drei Uhr siebenundfünfzig.»
«Mensch, du holst mich aus dem tiefsten Schlaf!»
«Ich hab überhaupt noch nicht geschlafen, und ich red' mit dir auch nur so lang, weil ich hoff', daß du dabei wach genug wirst, alles mitzukriegen. Also paß auf...» und dann schilderte er den Fall, wie er sich zu diesem Zeitpunkt für ihn darstellte, in allen Einzelheiten. Für solche Dienstgespräche hatte Bienzle – wie Gächter wohl wußte – immer genügend Münzen in der Tasche, obwohl die von der Kasse jedesmal Theater bei der Abrechnung machten. Geldmangel würde Bienzle also kaum bremsen.
«Ich weiß auch was Neues», sagte Gächter schließlich, «der Leichenhahnisch hat am Abend angerufen. Der Herget ist mit einem schweren, stumpfen Gegenstand aufs Haupt geschlagen worden, bevor man ihn im Öl ersäuft oder erstickt hat. Wahrscheinlich war er bewußtlos.»
«Das überrascht mich nicht», sagte Bienzle, «einen Unfall habe ich von vornherein ausgeschlossen.»
«Und wer hat den Herget nun auf dem Gewissen?» fragte Gächter.
«Das erfahren wir hoffentlich morgen. Also du kommst und bringst den Haußmann mit und möglichst auch gleich einen Staatsanwalt. Lokaltermin neun Uhr. Und alles wie besprochen.» Bienzle hängte

den Hörer schnell ein. Was Gächter jetzt noch zu sagen wußte, kannte er längst.

Der Horizont wurde schon ein wenig heller. Bienzle ging langsam. Die Müdigkeit hatte sich in jedem Muskel seines Körpers eingenistet. Ein paar Minuten war er an seinem Dienstwagen gestanden und hatte überlegt, ob er auf dem Beifahrersitz ein wenig schlafen sollte. Aber dann war er doch weitergegangen, den Kopf tief zwischen den Schultern, die Hände auf dem Rücken verschränkt.

Der kleine Hof des alten Meier lag im Dunkeln. Bienzle ging ums Haus herum und kam zur Scheune. Die Tür war nicht verriegelt. Es roch herrlich nach Heu hier drin. Der Kommissar spürte nicht einmal mehr das Kitzeln der Halme, die sich leise vor Mund und Nase in der Heuluft bewegten, so schnell war er eingeschlafen. Geweckt wurde er durch einen erstaunten Ausruf. Er blinzelte und sah als erstes drei metallisch blinkende Zinken einer Heugabel direkt vor seinem Gesicht. Der alte Meier lachte. Breitbeinig stand er über dem Kommissar, den Gabelstiel fest in beiden Händen.

«Da hätt' ich Sie doch um ein Haar aufgespießt und meinen Kühen zum Fressen vorg'worfe!»

«Wie spät ist es?» fragte Bienzle.

«Dreiviertelsieben!»

Der Kommissar rappelte sich auf und klopfte das Heu und den Staub aus seinen Kleidern. «Um halb neun müssen wir los.»

«Wer wir, sind Sie nicht allein?»

«Wir zwei – Sie und ich. Lokaltermin.»

«Wo?»

«Bei Ihrer Tochter im Haus.»

«Ohne mich!» Der Bauer stieß die Gabel tief ins Heu. Bienzle kramte in seinen Taschen herum. Kleine Staubwolken stiegen auf. «Wenn Sie's offiziell haben wollen, schreib' ich eine Vorladung aus.»

Der alte Meier sah ihn aus schmalen Augen an.

«Also gut!» Er riß mit der Gabel eine mächtige Ladung Heu heraus und schulterte die Gabel.

«Ein Glück, daß der, den Sie suchet, net g'wußt hat, wo Sie heut' nacht schlafet.»

«Warum?»

«Ha, ein Streichholz hätt' ja genügt, die Scheuer, mit allem, was drin ist, anzuzünden.»

Bienzle sah Meier nachdenklich nach. Der rief über die Schulter zurück, ehe er den Kuhstall betrat: «Mei Dusche ischt glei hinter der Küche. Handtücher sind im Weißzeugschrank, und der steht im Gang.» Damit verschwand er im Stall.

Am Frühstückstisch trafen sie sich wieder. Bienzle hatte geduscht und fühlte sich erstaunlich frisch. Eine leichte Erregung hatte ihn gepackt. Er kannte dieses Gefühl, das ihn regelmäßig packte, wenn ein Fall in seine entscheidende Phase trat.

Meier hatte alles aufgeboten, was Küche und Keller hergaben: Eier, Schinken, Käse, selber eingekochte Marmelade. Hausmacherwurst und ein köstlich duftendes Holzofenbrot. «Eine richtige Henkersmahlzeit», sagte er, als Bienzle den reich gedeckten Tisch inspizierte. Sie aßen schweigend und ohne jede Hast. Erst als sich der Kommissar mit der rot-weiß-karierten Serviette den Mund abwischte, sagte er: «Habet Sie des scho g'wußt, daß der Gregor auswandern will?»

«Ja freilich, nach Costa Rica. Da kommet Se mal her.» Meier führte Bienzle zu einem Fenster. «Sehet Sie den Pflanzengarten da drübe?»

Bienzle nickte. «Spalierobst, gell?»

«Richtig – ich hab lang rumgekreuzt, aber jetzt habet mir eine enorm widerstandsfähige Sorte Äpfel, die mit wenig Feuchtigkeit auskommt und trotzdem richtig saftig wird.»

«Gratuliere!»

«Die Stauden sind für dem Gregor sei Plantage in Costa Rica.»

Bienzle fiel die Geschichte von dem weltläufigen Schwaben ein, der in Australien ein Zweigwerk inspizierte und den letzten Flug verpaßte. Der Mann mußte das Wochenende in Sydney verbringen, weil der nächste Flug erst am Montag ging. Später hatte sich der gute Schwabe bei Freunden beklagt: «Da bin ich's ganze Wochenende in Sydney g'hockt ond doheim hätt' mr d'Bäum spritze müsse!»

Er wollte die Geschichte Meier erzählen, aber der kannte sie schon. «No a Gläsle Moscht?» fragte Meier, «für die Verdauung?»

«Da sag ich net nein?!» Bienzle sah auf die Uhr.

«Aber dann müsset mr los!»

Es war sehr warm geworden. Ein lauer Wind hatte die Wolken vertrieben. Die Sonne schien weißlich und stechend vom Himmel. «Das Wetter schlägt bald wieder um!» sagte Meier, als er an der Seite Bienzles auf das Haus seines Schwiegersohnes zuging.

Das Gartentor stand offen. Auf einer Bank neben der Haustür saß Hägele und schnitzte an einem Stock herum. Erstaunt sah er seinen Schwiegervater an. «Grüß Gott, Hägele», sagte Meier. «Ja, jetzt kann i gar nimmer. Annemarie, heh, Annemarie!» Er stand auf, ging ums Haus und stieß das Küchenfenster auf.

«Dein Vater!»

Frau Hägele kam aus der Haustür. Sie wischte die Hände an ihrer Schürze ab. Die ersten Schritte rannte sie, stoppte dann aber plötzlich und ging nur zögernd weiter. Dann sah sie Bienzle an.

«Was bedeutet das?»

«Es werden gleich noch ein paar Leute mehr kommen», sagte Bienzle, «Ich hoffe, daß wir den Fall heute abschließen können.»

«Wer kommt denn noch?» fragte Anton Hägele.

«Ein Kollege von mir, der Staatsanwalt vermutlich, und Gregor Keller mit seiner Schwester Sybille.»

«Und das alles wegen dem Selbstmörder?» fragte der alte Meier.

Bienzle schüttelte den Kopf. «Heut nacht hat ein Kollege von mir, der am späten Abend noch mal mit dem Gerichtsmediziner gesprochen hatte, eine ganz interessante Information weitergegeben. Christian Maria Herget war bewußtlos, als das Öl in seinen Magen und in die Lunge eintrat. Er sei mit einem stumpfen Gegenstand niedergeschlagen worden. Der Täter muß ihm den Kopf ins Öl gedrückt haben. Der Versuch, das Öl anzuzünden, ist dann gescheitert, wie wir wissen.»

«Aber wer hat denn überhaupt ein Interesse am Tod von dem Christian gehabt?» fragte Hägele.

«Na, Sie zum Beispiel.»

«Ich?»

«Der Herget hat mit seinen Überfällen viel Geld gemacht. Fast eine Million. Nur, wie wollte er jetzt rankommen? Der Herget wußte doch ganz genau, sobald er die Nase rausstreckt, erwischen wir ihn. Also brauchte er einen Boten, einen Mann seines Vertrauens. In seiner prekären Situation konnte er freilich nicht wählerisch sein. Aber er hatte natürlich schnell raus, daß Sie arbeitslos sind, Ihrer Umwelt aber vormachen, Sie seien weiter in Lohn und Brot.»

Bienzle hob beide Hände, als Hägle protestieren wollte.

«Ich hab volles Verständnis dafür, verstehen Sie mich nicht falsch. Aber Herget, der schon immer ein ausgesprochen durchtriebener Mann war, konnte da seinen Hebel ansetzen. Er brauchte vor allem eine Verbindung zu Gregor Keller, dem Mann, der ihm bei seinen Überfällen assistiert hat.»

«Was, der Gregor, das glaub' ich nie!» rief der alte Meier.

Bienzle nickte ein paarmal. «Sie können's mir ruhig glauben. Der Gregor hat zwar nie direkt an den Überfällen teilgenommen, aber er saß im Wagen, beobachtete die Gegend und brachte Herget immer geschickt aus der Gefahrenzone. Ein äußerst talentierter und beherrschter Autofahrer.»

In diesem Augenblick kam Gregors kleiner Fiat den schmalen Weg heraufgeschossen. Hägeles derbe Hände umfaßten zwei Zaunlatten. Bienzle beobachtete ihn genau und registrierte zufrieden, wie konsterniert Anton Hägele war.

Der Kommissar trat neben Hägele: «Es gibt Autofahrer, die fahren sogar noch sicher, wenn alle Radmuttern gelöst sind.»

«Aber das ist... das ist doch...»

«Unmöglich, wollten Sie sagen. Das ist es aber keineswegs, wenn ein freundlicher Mitmensch den Schaden klammheimlich wieder behebt.»

Hägele fuhr herum. «Sie?»

«Tja, manchmal lohnt sich's, nachts lang aufzubleiben.»

Der Fiat stoppte vor dem Gartentor. Der lange Gächter stieg auf der Beifahrerseite aus, und es schien, als ob er sich für dieses Vorhaben eigens auseinanderfalten müßte.

«Mein Kollege Gächter», stellte Bienzle vor.

Gächter versuchte seinen zerknitterten Anzug glatt zu streifen, gab es aber bald auf.

«Der Staatsanwalt ist unterwegs», rief er zu Bienzle herüber, «und Haußmann operiert wie besprochen.» Bienzle verzog das Gesicht. So konnte man auch sagen, wenn einer für alle Fälle im Auto sitzen blieb, um eine eventuell notwendige Verfolgung aufzunehmen – ‹operiert wie besprochen›.

Sybille Keller stieg als letzte aus. Sie trug ein duftiges Sommerkleidchen und einen bezaubernden kleinen Hut.

Bienzle räusperte sich. «Bevor wir zum Tatort gehen, will ich noch schnell mit Herrn Hägele ein paar Sätze unter vier Augen sprechen.» Er hakte den massigen Mann unter und ging im Gleichschritt mit ihm in den hinteren Teil des Gartens.

«Also», sagte Bienzle, «des heut' nacht war ein Mordversuch. Ich war Zeuge, und Sie Dackel habet sich noch nicht einmal die Mühe gemacht, Handschuhe anzuziehen. Es wird also gar kein Problem sein, Ihre Fingerabdrücke nachzuweisen. Ein Dilettant sind Sie!»

«Verhaftet Sie mich halt!» sagte Hägele trotzig.

«Man soll nie den zweiten Schritt vor dem ersten tun, hat mein Vater immer g'sagt. Wer war gestern im Haus?»

«Alle, außer meinem Schwiegervater.»

Bienzle blieb stehen. «O du liabs Herrgöttle von Biberach!»

«Der Gregor war schon da, als ich heimkam – ich mein' am Morgen.»

«Von der Schicht?»

«Sie wissen ja jetzt, daß das mit der Schicht nicht stimmt.»

«Eine Frau also?» Hägele nickte und schaute auf den Boden.

«Gut, das geht mich nichts an. Was wollte Gregor Keller?»

«Ich hab ihn selber herbestellt, das heißt, eigentlich war's der Christian; er wollte mal wieder einen von seinen großen Auftritten.»

«Gregors Schwester war auch mit von der Partie?»

«Sie hat mich hergefahren.»

«Ach so!»

«Nein, net so. Sie war auf dem Weg zu ihrer Arbeit. Da hat sie mich aufg'lese und mitg'nomme. Aber dann hat sie das Auto von ihrem Bruder stehen gesehen und ist schnell mit reingekommen – allerdings nicht lang!»

«Und dann kam also Hergets große Rede, ja?»

«Ja, er hat gesagt, er wüßte genau, daß wir's alle bloß auf sein Geld abgesehen hätten. Natürlich haben wir alle widersprochen.»

«War da die Sybille noch dabei?»

«Nein!»

«Und weiter?»

«Nichts weiter.»

Bienzle blieb erneut stehen und fixierte Hägele. Sie waren beide ungefähr gleich groß, aber Hägele wirkte athletischer, stärker. Über den
Oberarmen spannte das Hemd, ebenso über der breit gewölbten
Brust. Dennoch sah Hägele für einen Augenblick so aus, als ob er
ängstlich zu Bienzle aufschauen würde.

Bienzle sagte: «Sie wissen ganz genau, daß ich Sie in der Hand habe,
Herr Hägele. Ich biete Ihnen ein Geschäft an, bei dem allerdings ich
alleine die Bedingungen stelle. Also!»

Hägele wand sich. «Na ja», sagte er schließlich, «richtig aufregend
ist's geworden, als er dem Gregor gesagt hat, er wolle sich anschließen...»

«Anschließen, wobei – doch nicht etwa...? Herget wollte mit nach
Costa Rica?»

«Ja, das wollte er.»

«Und wie hat Gregor darauf reagiert?»

«Ziemlich gelassen. Bloß meine Frau, die ist plötzlich ausgeflippt.
«Du willst dem Jungen sein Leben versauen, das willst du», hat sie
geschrien. Und ein Glas hat sie nach ihm geschmissen. Also ehrlich,
ich hab gedacht, ich spinn'.

Kann ihr doch egal sein. Ich wollte für das, was ich für den Christian
getan hab, mein Pulver, und dann aber meine Ruhe.»

Bienzle sah Hägele ins Gesicht. «Und warum wollten Sie dann den
Gregor heut' nacht umbringen?»

Hägele lachte. «Umbringen? So 'n Stuß. Einen Denkzettel sollte er
kriegen.»

«Gelogen!» sagte Bienzle, der Hägele längst einschätzen konnte.
«Ich probier's mal mit meiner Version: Sie wollten Gregor Keller
zwar nicht umbringen, aber aktionsunfähig machen. Dabei sind Sie
aber ein viel zu hohes Risiko eingegangen. Heute nacht habt ihr aus-
baldowert, wie ihr ans Geld rankommt. Vielleicht seid ihr gestört
worden, was weiß ich. Heute abend soll's weitergehen – aber da wären
Sie dann gern alleine – nicht wahr?»

Bienzle legte die Hände auf dem Rücken zusammen und stellte sich
breitbeinig auf dem Gartenweg vor Hägele auf.

«Sie sind kein Krimineller, ebensowenig wie Gregor, Sybille oder der alte Meier. Sie haben sich auf was eingelassen, was viel Verstand, kühle Berechnung und taktisches Geschick verlangt. Deshalb kann man euch ja auch innerhalb von 24 Stunden überführen. Ihr habt an viel zu vieles nicht gedacht, und viel zu spontan gehandelt, aber das ist Gift für jedes kluge Verbrechen.»

«Sie reden grad so, als hätten wir sie um was beschissen!»

«Na ja, so ähnlich ist's ja auch! – Also Christian Maria Herget, der einzige mit ausgeprägter krimineller Energie und Intelligenz, hatte a) einen Plan, wie er an seine Beute kam und b) eine Idee, wie er sich aus dem Staub machen konnte. Beim Punkt a) solltet ihr euch gegenseitig bewachen – Sie und Gregor.

Bei Plan b) wollte sich unser toter Freund einfach anhängen – vielleicht wollte er aber auch an die Stelle von Gregor treten. Das Flugtikket liegt vermutlich vor. Es lautet auf Gregor Keller... und eine Frau halt. Nehmen wir an, Christian Maria wollte Gregor beseitigen, seinen Paß an sich bringen, das Bild austauschen, was immer noch der einfachste Weg einer Fälschung ist – und ab dafür nach Costa Rica! In ein Land, in dem es weniger Polizisten als Lehrer gibt und keine Armee, wie ich grade gelernt habe.»

«Dazu wäre der imstande gewesen!» sagte Hägele schlicht.

«Na, dann lassen Sie uns mal zu den anderen gehen.»

Niemand wäre auf die Idee gekommen, daß in diesem Haus vor noch nicht ganz 24 Stunden ein Verbrechen begangen worden war. Friedlich plaudernd standen der alte Meier, seine Tochter und die Geschwister Keller in dem bunten Frühlingsgarten. Gächter lehnte am Balken des Gartentores und drehte Zigaretten auf Vorrat. Er ließ dabei die Gruppe nicht aus den Augen.

Ein schwarzer Mercedes fuhr vor. Ihm entstieg der Staatsanwalt Dr. Keilmeier – ein Mann, von dem erzählt wurde, er schreibe in seiner Freizeit heimlich Kriminalromane unter Pseudonym. Er sah anders aus, als man sich allgemein einen Vertreter der Anklage vorstellte: klein, stämmig, sportlich, mit O-Beinen und einem wild gekräuselten schwarzen Haarschopf. Er war jünger als Bienzle, und der Kommissar spielte gerne seine größere Erfahrung und seine Ermittlungsroutine gegen den «jungen Spund» aus.

«Na, da wollen wir doch mal zum Tatort schreiten», rief Keilmeier aufgeräumt.

«No nix narrets, wenn's pressiert!» sagte Bienzle.

«Wieder mal eine Weisheit Ihres Vaters?» fragte der Staatsanwalt fröhlich.

«Noi, der hat in so einem Fall g'sagt: ‹Gehe langsam und lächle›, und das stammt nicht aus dem Schwäbischen, sondern von Haiti.»

Obwohl Bienzle und der Staatsanwalt herumflachsten, lag eine seltsame Spannung in der Luft.

«Wie weit ist denn nun die Weisheit in diesem Fall vorangeschritten?» fragte der Staatsanwalt Doktor Keilmeier.

«Nun», hob Bienzle bedächtig an, «wir wissen, bei dem Toten handelt es sich um Christian Maria Hergert, 32, gebürtig in Karlsruhe, zweimal vorbestraft, geschieden – übrigens von der jetzigen Frau Hägele. Der Mann hat zwei Banküberfälle, einen Mord und einen Raubmord begangen, wurde letztes Jahr im September von unserer Abteilung gefaßt. Er saß in Stammheim bis zu seiner Verurteilung – lebenslänglich übrigens – und wurde dann nach Bruchsal verlegt, in ein ausbruchsicheres Gefängnis, wie's heißt. Er hat es geschafft, einen toten Wandschacht ausfindig zu machen und hat sich durch diesen Schacht bis in den Heizungskeller hinuntergearbeitet. Dort hat er vermutlich die Methode ausprobiert, in Öltanks zu überleben – mit einem einfachen Schnorchelschlauch. Als längst niemand mehr glaubte, er könne im Bruchsaler Knast sein – immerhin waren sechs Tage seit seinem Verschwinden vergangen –, schlug er den Hausmeister nieder, borgte sich dessen Kleider und Schlüssel und verließ als freier Mann das Gefängnis.»

Bienzle wandte sich an Hägele. «Da können Sie sehen, was Kriminelle leisten, wenn sie taktisch geschickt und intelligent sind.»

Der Staatsanwalt hob den Kopf. «Wie war das?»

«Wir wollen nicht abschweifen», sagte Bienzle, «das war nur ein kleiner Privatexkurs. Herget kam schnurstracks hierher nach Eichenbach. Wir wollen nicht untersuchen, warum niemand bei seiner Ex-Gattin nachgeforscht hat» – und wieder zu Hägele gewandt – «auch bei der Polizei und der Staatsanwaltschaft gibt's nicht nur strategische Genies. So weit, so gut. Jetzt fing das Drama nämlich erst an. Herget wußte, hier würde er auch seinen Komplizen treffen, den Mann, den wir in unseren Akten den ‹Fahrer› nannten, weil er immer nur Schmiere stand und Herget nach der Tat fuhr. Ungeklärt ist für uns bis jetzt noch, wo das Geld geblieben ist. Aber keine Sorge, das wird sich finden. Herget schickte Hägele zu dem Fahrer. Er konnte und wollte dabei nicht in Erscheinung treten. Also machte er aus dem zweiten Mann seiner geschiedenen Frau und dem Fahrer ein Tandem – ein Team, wobei sich die beiden gegenseitig belauerten, was Herget schlau mit einkalkuliert hatte. Vermutlich hat er beide nur mit soviel Teilwissen ausgestattet, daß einer ohne den anderen niemals weitergekommen wäre.»

Hägele nickte zustimmend.

«Aber auch der kluge Christian Maria Herget hatte einen wesentlichen Faktor übersehen», fuhr Bienzle fort. «Die starke Zuneigung, die der Fahrer zu Annemarie Hägele, geborene Meier, hegte. Annemarie Hägele schenkte dem Werben des jungen Mannes zunächst keine Beachtung. Das änderte sich aber schlagartig, als der ‹Fahrer› sie in seine Zukunftspläne einweihte, in denen sie – zu ihrer eigenen Überraschung – eine entscheidende Rolle spielte.»

«Das ist doch Unsinn», knurrte Hägele.

Und der alte Meier sagte: «Das kann ich mir auch nicht vorstellen!»

Bienzle war es gelungen, alle in seinen Bann zu ziehen. Der Staatsanwalt stand mit verschränkten Armen auf einem Rasenstück. Gächter lehnte unverändert am Zaun, hatte aber vergessen, die Zigarette, die er sich schon lange zwischen die Lippen gesteckt hatte, anzuzünden.

«Wer ist denn nun der geheimnisvolle Fahrer?» fragte Annemarie Hägele schnippisch. Bienzle schaute die Frau verwundert an. So viel Kaltschnäuzigkeit hatte er ihr nicht zugetraut. «Na, der da!» polterte Anton Hägele los, «der Apfelbaumpisser!»

Bienzle hob die Hand. «Zum Streiten gibt's noch Gelegenheit genug. Es gab da einen denkwürdigen Abend, Ihren 26. Geburtstag, Frau Hägele. Sie erinnern sich?»

«Ich will mich nicht erinnern.»

«Aha, gut. Es ist auch unerheblich, wichtig ist mir nur, daß Sie wissen, daß ich es weiß! Nun – eines Abends eröffnete Christian seinem Fahrer, er werde sich ihm anschließen, wenn er auswandere. Damit brach eine Welt zusammen – vor allem für Annemarie Hägele. Sie hatte nämlich wirklich geglaubt, allem, was sie bedrückte, auf einmal entrinnen zu können: dem Mann, der sie quälte und den sie schon lange nicht mehr liebte, dem isolierten Leben, der dumpfen Eintönigkeit ihres Alltags. Vielleicht auch dem immer vorwurfsvollen Vater. Daß sie Gregor Keller nicht liebte, war wohl nicht entscheidend. Er war... entschuldigen Sie, er ist ein angenehmer junger Mann, war nie aufdringlich und – was das allerwichtigste war – er hatte eine Perspektive. Plötzlich war für Annemarie Hägele die Welt offen, ein neues Leben konnte beginnen, mit ganz neuen, unerwarteten Chancen. So war's doch, oder?»

Annemarie Hägele biß sich auf die Lippen. Ihre schmalen Hände hatte sie zu Fäusten geballt. Sie sah Bienzle an, aber sie sprach nichts.
«Jetzt reifte der Plan.» Bienzle schaute einen Augenblick einem Rotkehlchen zu, das dicht bei ihm in einem Busch saß und das Gefieder putzte. «Mit Glück und Geschick konnte Gregor an das Geld kommen – und das nahezu gefahrlos, wenn man Christian Maria Herget beseitigte und Anton Hägele abfand.» Bienzle griff in seine Brusttasche und holte das Schulheft heraus. Er schlug die Seite mit Gregors Zahlenspiel auf, reichte das Heft dem Staatsanwalt und sagte: «Eines unserer Beweismittel. Ich behaupte, den Mord an Christian Maria Herget haben Annemarie Hägele und Gregor Keller gemeinschaftlich begangen.» Bienzle machte eine Pause und fügte dann noch ganz leise hinzu: «– so leid mir's tut.»

Es entstand plötzlich eine hektische Unruhe in dem schmalen Vorgarten. Alle redeten durcheinander. Anton Hägele wollte Gregor Keller an den Kragen. Sybille Keller warf sich dazwischen und verkrallte sich in die Arme Hägeles. Annemarie Hägele hatte sich in die Arme ihres Vaters geworfen. Und Gächter fand endlich Zeit, seine Zigarette anzuzünden. Plötzlich aber übertönte die Stimme des alten Meier das Stimmengewirr. «Das ist doch alles Unfug. Der Gregor war bei mir zum Pflügen, gestern den ganzen Tag.»
«Waren Sie denn immer da?» fragte der Staatsanwalt.
«Immer, außer zwischen halb elf und halb zwölf, da war ich nämlich hier.»

Doktor Keilmeier reckte sich in den Schultern.

«Das ist ja äußerst interessant.»

«Ich glaub' kei Wort», sagte Bienzle.

«Erzählen Sie mal, Herr äh... Meier. Und Sie, Herr Bienzle, darf ich Sie bitten, sich ein wenig zurückzuhalten.»

Bienzle sah zu Gächter hinüber, aber der zuckte nur mit den Achseln.

«Also, schießen Sie los!» sagte der Staatsanwalt zu Meier.

«Ich hab ja g'wußt, wie unglücklich die Annemarie ist. Und ich hab nie ein Geheimnis daraus g'macht, daß es mir viel besser gefallen hätte, wenn sie sich hätte mit dem Gregor anfreunden können. Der Gregor ist einer, der hat eine Hand für alle Pflanzen. Und so einer ist kein schlechter Mensch.» Sie müßten ihm nur mal bei der Arbeit zuschauen. Man kann einen Menschen kennenlernen, wenn man weiß, wie er mit Pflanzen umgeht.»

«Und weiter?» drängte der Staatsanwalt.

Meier warf Bienzle einen hilfesuchenden Blick zu, aber der Kommissar starrte nur wütend zurück.

«Na ja, eines Tages hat mich Gregor eingeweiht. Er hat mir alles gestanden.»

«Was hat er gestanden?» fuhr Bienzle dazwischen.

«Na ja, alles halt. Also, ich hab ihm versichert, weil der Herget hat ihn ja bloß neizoge, net wahr, Sie wisset, was i mein?»

Der Staatsanwalt nahm das Wort, um Bienzle zuvorzukommen.

«Alles für das Glück Ihrer Tochter, nicht wahr?»

Bienzle drehte die Augen zum Himmel und stapfte zu Gächter hinüber. Meier fuhr fort.

«Ich bin hierher – gestern. Kurz vor elf war ich da. Von Gregor hab ich g'wußt, daß der Herget um diese Zeit seine – wie soll ich sage – seine Übungen macht. Ich bin runter, hab vorher einen Stein aufgehoben, dort drüben an der Mauer. Und dann ist alles wie im Traum gegangen. Ich hab zug'schlagen, als er grad rauswollen hat aus dem Tank. Er ist rücklings reing'fallen. Ich hab seinen Kopf 'nuntergedrückt in des Öl. Furchtbar war des. Und dann bin ich weggelaufen wie von Furien gehetzt – so war's.»

«Ein Geständnis!» jubelte der Staatsanwalt.

«Aber ein falsches!» sagte Bienzle. Er ging zu dem alten Meier und nahm dessen Hände in die seinen.

«Mit welcher Hand haben Sie den Herget runtergedrückt?»

«Mit der da!» Meier lächelte. Bienzle sah die schwarzen, ölglänzenden Ränder auf dem Fingernagelbett.

«Aber heut' morgen beim Frühstück...» Er sprach nicht weiter und ließ die Hand des alten Mannes sinken. Einen Augenblick lang hatten sich ihre Augen getroffen.

Gächter stieß sich vom Zaun ab und warf seine Kippe achtlos in ein Blumenbeet.

«Wenn Sie den Herget loswerden wollten, Herr Meier, warum haben Sie da nicht einfach die Polizei benachrichtigt?»

«Der wär' ja doch wieder ausgebrochen.»

«Und wo ist der Stein, mit dem Sie zugeschlagen haben?»

«Der ist in den Tank gefallen.»

Gächter wandte sich ärgerlich ab und sagte zum Staatsanwalt:

«Sollen wir nach dem Stein suchen?»

«Das hat Zeit, der Raum ist ja versiegelt. Nehmen Sie den Mann fest, belehren Sie ihn über seine Rechte und machen Sie mir nur recht schnell Ihren Bericht.»

Der Staatsanwalt wußte nur zu genau, wie ungern Bienzle Berichte schrieb.

Gächter nahm Meier am Arm. «Handschellen brauchen wir bei Ihnen ja sicher nicht.» Bei Bienzle blieb Meier kurz stehen. «Sie könnet a Faß von dem Moscht habe.» Bienzle schüttelte ärgerlich den Kopf. «Erst wenn Sie wieder drauße sind, denn daß Sie's net waret, ischt so sicher wie's Amen in der Kirch'.» Dann trat er zu Annemarie Hägele. «Richten Sie Ihrem Vater das Wichtigste zusammen, dazu wird's ja noch reichen, bevor Sie abhauen.»

Diesen Augenblick nützte Gregor Keller. Mit einem Satz war er über den niedrigen Zaun. Den Fiat hatte er so geparkt, daß er nicht wenden mußte. Gächter hatte gerade seine Pistole gezogen, als der kleine Wagen startete.

«Laß das», sagte Bienzle, «der kommt net weit, und auf keinen Fall bis Costa Rica!»

«Gächter ließ die Waffe sinken. Annemarie verschwand mit hochrotem Gesicht im Haus. Anton Hägele stand mit herunterhängenden Armen im Garten, während Gächter den alten Meier auf den Rücksitz des staatsanwaltlichen Wagens schob.

«Und was wird jetzt aus mir?» fragte Anton Hägele mit kläglicher Stimme.

Bienzle hatte keine Kraft mehr für Mitleidsgesten. «Ihne zahlt der Keller eine Ablösesumme von 250000 Mark.»

«Was – ehrlich?»

«Also ehrlich auf keinen Fall!» Bienzle schritt müde den Gartenweg hinunter und stieß das angelehnte Tor mit einem Fußtritt auf. Langsam ging er das steile Sträßchen hinunter. Plötzlich war Sybille Keller neben ihm.

«Was werden Sie jetzt machen?»

«Jetzt steig' ich in mein Auto, fahr' nach Stuttgart, lieg' ins Bett und ärgere mich.»

Bienzles tüchtiger Assistent Haußmann folgte dem kleinen Fiat. Er war ganz sicher, daß der junge Mann in seiner Nuckelpinne ihm nicht entkommen konnte. Aber in Eichenbach gab es immer wieder schmale Durchgangswege als Verbindungen zwischen den Straßen – links und rechts gesäumt von engstehenden alten Häusern.

Gregor Keller, der es schon als Fahrer des schönen Christian immer geschafft hatte, der Polizei zu entkommen, nahm die Einfahrt fast im rechten Winkel. Ein paar Hühner flatterten schreiend und gackernd auf. Der rechte Seitenspiegel blieb an einem herausstehenden Backstein hängen, aber nach drei Sekunden bog Keller in die andere Fahrstraße ein und preschte davon. Haußmann kollidierte bei dem Versuch, dem kleinen Wagen zu folgen, mit der Hausecke. Sein Auto hätte ohnehin nicht durch die Gasse gepaßt.

Anderntags fand man im Öltank keinen Stein, dafür trieb Gächter gleich zwei Bauern auf, die dem alten Meier zwischen elf und zwölf auf den Feldern begegnet waren. Gregor Keller aber hatte niemand beim Pflügen beobachtet. Und auch jetzt schien der junge Mann wie vom Erdboden verschwunden zu sein. Er hatte zwar zwei Flugtickets gebucht, aber nicht benutzt. Annemarie Hägele hatte er einen Brief geschrieben, der Preis sei ihm zu hoch, außerdem habe er sich für ein ganz anderes Land entschieden. Seinen Fiat fand man – mit einem gestohlenen Nummernschild versehen – Wochen später im Hamburger Hafen.

Der alte Meier kam wieder frei. Es war schon Sommer, als Bienzle endlich seiner Einladung nachgab. Sie tranken und redeten. Meier führte Bienzle durch seinen gepflegten Bauerngarten. Das Spalierobst fehlte allerdings. «Ich hab's verkauft», sagte der alte Mann, «an einen Fachhändler. Der hatte einen Interessenten dafür.»

Bienzle ließ sich den Namen des Händlers geben. Später kamen Anton und Annemarie Hägele. Sie fuhren in einem neuen Wagen vor und wirkten in ihren gediegenen Kleidern ziemlich fremd. «Anton muß manchmal nach Zürich», sagte die puppige Annemarie Hägele, «da fahr' ich dann manchmal mit, und wir kaufen gleich ein.»

«Wo hatte der Herget nun eigentlich das Geld versteckt?» fragte Bienzle im Plauderton. Aber Anton hatte dazugelernt. «Ach wissen Sie», sagte er, «wer kein taktisches Geschick und keine ausreichende Intelligenz hat, sollte sein Maul halten.»

«Der Spruch könnt von meim Vater stammen», sagte Bienzle und trank seinen Most.

Als er spät am Abend zu seinem Wagen ging, warf er den Zettel mit dem Namen des Pflanzenhändlers auf den dampfenden Misthaufen hinter Meiers Haus.

Barfuß im Sand

Diese Zeit liebte Ernst Bienzle besonders. Es war Sommer. Ende Juli. Die Schulen hatten seit drei Wochen Ferien. Die Stadt war so ruhig und so wenig bevölkert wie sonst zu keiner Zeit im Jahr. In solchen Zeiten ging er ausgesprochen gerne ins Büro.

Bienzle arbeitete auch gerne an Sonntagen, wenn draußen die Frauen ihre Männer von Schaufenster zu Schaufenster schleppten, Kinder drum herum rannten, die Langeweile grassierte und viele Menschen nicht wußten, wie sie den Tag herumbringen sollten. Dann saß er vergnügt an seinem Schreibtisch, rauchte ein Zigarillo, trank einen starken Kaffee, den er nicht selten mit einem Kognak «aufmotzte» und beschäftigte sich mit seinen Fällen.

Noch mehr aber genoß er den Montag, Dienstag oder Donnerstag, an dem er dann für den Sonntag, an dem er gearbeitet hatte, frei nahm. Dann wurde er zum Flaneur, schlenderte durch die Stadt, trank einen Kaffee mit Kognak in irgendeinem Stadtcafé oder auch ein Viertele Trollinger beim «Stetter» in der Rosenstraße.
Diese Sommerwochen nun waren wie ein einziger Sonntag. Offensichtlich machte auch die Unterwelt Ferien. Zwar registrierte der tägliche Polizeibericht eine Menge Einbrüche in den Villenvierteln am Killesberg, am Hasenberg und am Bubenbad, aber im Morddezernat herrschte Ruhe.

Kriminalassistent Haußmann kam herein und legte ein Fernschreiben auf den Tisch. «Mysteriöser Todesfall in Griechenland», sagte er. «Seit wann geht uns des was an?» Bienzle griff nach dem Fernschreiben und las. Schließlich schaute er auf. «Wieso Todesfall?»
«Na ja, der Mann ist verschwunden. Früh morgens hat er sein Hotel verlassen. Er wollte zum Schnorcheln gehen...»

«Ja, ich kann auch lesen», knurrte Bienzle ungnädig.

«Er hat seine Kleider und seine Brille abgelegt und ist – vielleicht (!) – tauchen gegangen. Flossen, Taucherbrille und Schnorchel fehlen.»

«Na und? Das wäre nicht der erste Tauchunfall!»

«Stimmt! Aber wir sind hier nicht bei der Unfallversicherung, sondern bei der Polizei, junger Mann.» Haußmann war an Bienzles gelegentlichen Sarkasmus gewöhnt. «Ich hab mal den Computer gefragt.»

«Spielereien!» brummte Bienzle. «Aber macht nix, 's gibt ja sowieso koi Gschäft.» Haußmann setzte sich in den Besucherstuhl, der schon einer Legion fälschlicherweise und zurecht Verdächtigten Platz geboten hatte. Bienzle pflegte alle seine Verhöre im eigenen Büro durchzuführen.

«Dr. Winfried Sauer», sagte Haußmann.

«Von Beruf Rechtsanwalt», sagte Bienzle.

«Es gibt da ein paar Ungereimtheiten.» Man konnte Haußmann ansehen, wie er sich über seine eigenen Neuigkeiten freute. Bienzle tat ihm nicht den Gefallen, sein aufkeimendes Interesse zu zeigen.

«Anfang des Jahres wurde Sauer als Geschäftsführer des Juwelierverbandes gekündigt.»

«Warum?»

«Offiziell weil er sich zu wenig Zeit für den Verband genommen hatte. Sauer hat einen ganzen Sack voll haupt- und ehrenamtliche Posten und Pöstchen. Aber da war noch etwas…» Haußmann machte eine Kunstpause. Bienzle schaute ärgerlich auf: «Jetzt lasset Se sich doch net alle Würmer einzeln aus dr Nas ziehe!»

«Vier Monate nach der Entlassung Sauers gab es einen spektakulären Einbruch in die Ausstellungsräume des Verbandes. Unbekannte Täter sind in das Gebäude eingestiegen. Sie haben die wertvollsten Ausstellungstücke und die Verbandskasse mitgehen lassen.» Bienzle schüttelte den Kopf.

«Das paßt mir viel zu gut zusammen.»

«Immerhin haben die Einbrecher nicht nur die Örtlichkeiten gut gekannt, sie waren offensichtlich auch Experten für Edelsteine.»

«Was Sie net saget!» Bienzles Ironie war unüberhörbar.

«Die Täter haben genau ausgewählt. Billige Stücke und Duplikate haben sie gar nicht erst mitgenommen.»

Bienzle lehnte sich weit in seinen Holzsessel zurück, zündete sich in aller Ruhe ein Zigarillo an, paffte ein paar Rauchwolken in Richtung Decke und sagte endlich: «Also ich faß mal zusammen: Dem Doktor Sauer wird gekündigt, er ist – Nomen est Omen – sauer, rächt sich, bricht in die Verbandsräume ein, klaut alles, was etwas wert ist, reist dann nach Griechenland, legt seine Kleider und seine Brille an den Strand, steigt in ein Flugzeug und setzt sich nach Südamerika ab. Seine Frau kassiert die Lebensversicherung, und nach einer Anstandsfrist jettet sie ihm nach. Hab ich Sie richtig verstanden?» Haußmann nickte... Bienzle stemmte sich aus seinem Sessel heraus und ließ langsam das Zigarillo vom linken in den rechten Mundwinkel wandern. «Wissen Sie was, Haußmann, Sie sind gar nicht so dumm.» Bienzle umrundete seinen Schreibtisch und klopfte dem Untergebenen jovial auf die Schulter. «Wo sind denn die Sauers in Griechenland?»

«Auf dem mittleren Finger des Peloponnes. Ziemlich weit im Süden im Mani-Gebiet, nicht weit von Kalamata. Der Ort heißt Stoupa!»

«Aha!»

«Das ist übrigens der Ort, wo Alexis Sorbas spielt.»

«Ich denk, des spielt auf Kreta?»

«Im Film! Der Roman von Katsansakis spielt in Stoupa!»

Jetzt trat so etwas wie Anerkennung in Bienzles Blick. Das gefiel ihm, wenn einer was wußte.

«Respekt», sagte er und dann noch mal mit mehr Nachdruck «Respekt!» Dann bekam er sein knitzestes Gesicht. «Wenn mir zwoi boide dem Staatsanwalt klar mache könnet, daß in diesem Falle Recherchen vor Ort unabdingbar sind...» Haußmann wagte kaum zu atmen. Das waren Aussichten! «Hier ist doch sowieso nichts los», sagte Bienzle, «und der Gächter ist froh, wenn er uns a paar Tag net sieht!»

Drei Tage später stiegen Bienzle und Haußmann aus einer Boeing 737, die sie von Athen nach Kalamata gebracht hatte. Nach Stoupa waren es rund fünfzig Kilometer auf einer gewundenen Straße, die den zauberhaften Buchten folgte. Das Meer leuchtete unnatürlich blau herauf, so unnatürlich blau wie auch der Himmel für jemand war, der den verregneten Sommer bisher im Schwabenland verbracht hatte.

Frau Sauer bewohnte ein kleines Hotel mit dem Namen «Kalogria Beach» dicht am Strand. Das hatte Haußmann noch vor ihrer Abreise herausbekommen. Er hatte freilich auch in Erfahrung gebracht, daß das Hotel auf Wochen hinaus ausgebucht war. Und so schien es auch mit allen anderen Beherbergungsbetrieben zu sein. Schließlich kamen sie bei einer Familie zehn Kilometer von Stoupa entfernt unter. Das Dorf Pigi, in dem sie das Quartier fanden, lag etwa 300 Meter höher in den kargen Bergen, die sich hinter der Bucht bis in 1200 Meter Höhe hinaufzogen. Hier oben wehte eine frische Brise vom Meer her. Es duftete nach Thymian, Salbei und Oleander. Die Menschen grüßten kaum, kümmerten sich nicht um die Fremden, waren aber auch nicht unfreundlich, wenn man sie ansprach. Bienzle hatte das Gefühl, einen verwandten Volksstamm angetroffen zu haben. Den ersten Abend verbrachte er auf einer der drei kleinen Terrassen des Hauses, trank Retsina und hörte einer einsamen Geige zu, die im nahen Dorfgasthaus von einem absoluten Stümper gespielt wurde. Bienzle war ein hochmusikalischer Mann, der dilettantische Fiedler störte ihn seltsamerweise trotzdem nicht.

Haußmann hatte sich bereit erklärt, nach Stoupa hinunterzufahren und erste Recherchen anzustellen. Bienzle war das sehr recht. Er war nicht hierhergekommen, um zu arbeiten, er wollte es genießen, eine Dienstreise zu machen, für die es seiner Ansicht nach keinerlei wirklichen Anlaß gab. Er verließ sich darauf, daß Sauers Leiche nicht allzu früh an den Strand gespült oder von Fischern gefunden wurde. Dann würde er Kontakt zur örtlichen Polizei aufnehmen, alles protokollieren und bestätigen lassen und die Rückreise antreten.
Sein Pflichtbewußtsein hatte sich schon immer in Grenzen gehalten. Er tat zwar alles, was der Job erforderte, aber ohne übertriebenen Einsatz. Richtig engagiert war er immer erst dann, wenn ihn ein Mensch zu interessieren begann. Rechtsanwalt Sauer war ihm von ganzem Herzen wurscht!

Haußmann berichtete ihm am anderen Morgen bei einem allzu kargen Frühstück – die Wirtin hatte nur Weißbrot und Olivenöl auf den Tisch gestellt –, daß Frau Sauer zwei Stunden am Strand gewesen sei. Besonders beunruhigt habe sie nicht auf ihn gewirkt. Die restliche

Zeit habe sie wohl in ihrem Hotelzimmer verbracht, bis kurz nach sieben Uhr abends. Dann sei sie mit ihrem Wagen losgefahren. Er habe sie verfolgt, aber leider sei dann der Mietwagen, den Bienzle in Kalamata besorgt hatte, kaputtgegangen. Zwangsläufig habe er die Dame aus den Augen verloren. Bienzle hob gleichmütig die Schultern. «Man muß auch mit seinen Mißerfolgen leben.»

«Was machen Sie heute?» fragte Haußmann.

«Wie ist denn der Strand?» fragte Bienzle dagegen.

«Traumhaft: feiner weißer Sand, absolut klares Wasser und in der Bucht jede Menge Süßwasserquellen, die das Meerwasser heruntertemperieren und richtig frisch machen. Also einmalig, sag ich Ihnen!»

Sie ließen sich ein Taxi kommen, fuhren nach Katamili, wo der Mietwagen in der Reparaturwerkstatt war, holten ihn ab und kurvten in die Bucht von Kalogria. Bienzle suchte sich einen Schattenplatz, während Haußmann seinen drahtigen Körper sofort der Sonne aussetzte. Das Wasser war tatsächlich klar und ungewöhnlich frisch. Bienzle schwamm weit hinaus und fühlte sich richtig gut. Als er zurückkam, wartete Haußmann schon auf ihn. Er deutete auf eine Frau, die dicht hinter dem Platz, wo ein müder Grieche Tretboote verlieh, für sich und ein kleines Mädchen zwei Luftmatratzen aufpumpte. Bienzle murmelte etwas, was wie eine Anerkennung klang. Haußmann bezog sie auf sich. Gemeint war Frau Sauer, eine langbeinige, gut gebaute Frau in einem engen roten Badeanzug. Als sie jetzt durch den Sand ging, um ihre Kühltasche zu holen, die sie unter einem halb verkümmerten Olivenbaum abgestellt hatte, sagte Bienzle: «Schauen Sie mal, was die Frau für einen Gang hat, wie eine Königin!» Haußmann sah ihn verwundert an. Bienzle sagte: «Überleget Sie sich doch amal, Haußmann, wie schwer des ischt, barfuß im Sand!» Haußmann war irritiert. So redete sein Chef normalerweise nicht mit ihm. Bienzle zog den Bauch ein und ging schnurstracks zu den beiden Luftmatratzen hinüber. Das kleine Mädchen versuchte die schlaffen Gummidinger weiter aufzupumpen, aber sie ließ nur die Luft wieder heraus. Bienzle ging neben ihr in die Hocke. «Wie heißt du denn?» fragte er.

«Melanie!»

«Soll ich dir helfen?»

«Nein, ich laß mir nicht von fremden Männern helfen!» Das Mädchen mochte fünf Jahre alt sein. «Sehr vernünftig», sagte Bienzle. Er stand just in dem Moment auf, da Frau Sauer mit der Kühltasche erschien. «Die Welt ist klein, net wahr», sagte Bienzle treuherzig und kam sich dabei ziemlich scheinheilig vor. «Sie komme auch aus Stuttgart?» Frau Sauer maß Bienzles Bauch mit erkennbarem Mißfallen, aber weiter konnte er ihn mit dem besten Willen nicht einziehen, er bekam so schon kaum mehr Luft. Bienzle nickte. «Gestern angekommen. Sie sind Frau Sauer, nicht wahr?» Er beobachtete sie scharf. Sie wirkte sofort alarmiert. «Kennen wir uns?»

«Na ja, wie man seine Versicherungsnehmer kennt, aus den Akten halt», sagte Bienzle. Er fühlte sich bei der Lüge nicht besonders wohl. Und eigentlich ging es ihm auch gegen den Strich, daß er jetzt schon anfing zu ermitteln. ‹Will's der Teufel›, dachte er bei sich, ‹womöglich bin ich morgen schon am Ziel und muß zurück!›

«Sie sind von der Versicherung?» fragte Frau Sauer.

«Ihr Mann war hoch versichert!»

«Ich weiß, mit 650 000 Mark, bei Unfalltod das Doppelte.»

Bienzle ärgerte sich. Das ging alles viel zu einfach. Mißgelaunt sagte er. «Sie wissen gut Bescheid!» Er hörte auf, den Bauch einzuziehen. Warum sollte er hier eine gute Figur machen.

1,3 Millionen Mark – das war ein Wort, da bekam Haußmanns Theorie eine ganze Menge mehr Wahrscheinlichkeit. «Darf ich?» fragte Bienzle und setzte sich auf die halb leere Luftmatratze. Er wußte, daß er jetzt eine verdammte Ähnlichkeit mit einem Frosch hatte, aber selbst wenn Marianne Sauer ihn küssen würde – aus ihm wurde kein Prinz. Frau Sauer blieb stehen. Bienzle sah an der makellosen, schlanken Figur hinauf. Er wünschte sich im Augenblick nichts so sehr wie einen Buckel, ein zu kurzes Bein oder eine Hasenscharte an Frau Sauer. Sie setzte sich ihm gegenüber und schickte Melanie spielen.

«Wann ist Ihr Mann verschwunden?» fragte Bienzle.

«Letzten Sonntag.»

«Heute ist Donnerstag!»

«Ja!» Sie sagte nichts weiter dazu.

«Irgendwelche Hinweise?»

Frau Sauer öffnete eine Leinentasche. «Ich hab ein Polaroidfoto gemacht. Schauen Sie, so lagen die Sachen da.» Bienzle studierte das Foto. Hemd, Hose, Badeschuhe, Brille – alles ordentlich nebeneinander aufgereiht im Sand auf einem rotweiß karierten Handtuch. Es gehörte schon einige Kaltblütigkeit dazu, als designierte Witwe gleich so ein Foto von den Hinterlassenschaften des vermeintlichen Toten zu machen.

«Ihr Mann ist sehr ordnungsliebend, nicht wahr?»

«Ja, das war er!»

«Bitte, wir sollten von ihm nicht wie von einem Toten reden, solange keine Klarheit herrscht.»

Sie fuhr ihn an: «Hören Sie doch auf, mir falsche Hoffnungen zu machen, es ist auch so schon schwer genug.»

«Sind Sie mit dem Wagen hierhergekommen?» fragte Bienzle.

«Ich bin gefahren. Mein Mann ist mit dem Flugzeug nachgekommen, er hatte noch zu tun.»

«Aha!» Bienzle überlegte, ob der Herr Gemahl wohl auf der Herreise bereits die Weiterreise organisiert hatte. Frau Sauer nahm ihm das Bild aus der Hand. «Ist das das einzige Foto?» fragte Bienzle.

«Die anderen sind lauter Urlaubsbilder.»

«Dürfte ich die mal sehen?» fragte Bienzle.

Frau Sauer zuckte die Achseln. Der Kerl war ihr zwar ausgesprochen unsympathisch, aber da er die Versicherung vertrat, stellte man sich wohl besser gut mit ihm. Womöglich war der imstande, die Abwicklung zu verzögern. Sie griff also in die Tasche und zog einen ganzen Stapel Polaroidaufnahmen heraus. Bienzle griff danach und ließ sie langsam durch seine Finger laufen. Doktor Winfried Sauer war ein eitler Mensch. Auf jedem zweiten Bild war er abgelichtet, mal auf dem Balkon in der Abendsonne, mal beim Frühstück, dann auf dem Surfbrett und als unerschrockener Schnorchler beim Abtauchen in dreißig bis fünfzig Zentimeter Tiefe. Bienzle behielt drei Bilder besonders lange in der Hand. Auf dem einen war Sauer zu sehen, wie er das Surfbrett vom Dachständer des Autos herabnahm. Er trug eine weiße Leinenhose und eine grünes Polohemd mit einem Krokodil als Markenzeichen auf der linken Brustseite. Dann sah man ihn beim Abendessen auf der Terrasse des Hotels mit blauem Blazer, weißer Hose, eleganten Turnschuhen und einem blaugoldenen Halstuch. Und schließlich mit seiner kleinen Tochter auf einem Segelboot, da trug er eine blaukarierte kurze Hose und ein blaues Polohemd. Bienzle bedankte sich und stand ächzend auf.

«Wird es lange dauern?» fragte Frau Sauer.

«Sie meinen die Auszahlung der Lebensversicherung?»

«Ja, was denn sonst?» fragte sie schnippisch zurück.

«Tja, ich weiß nicht. Wenn man die Leiche Ihres Mannes nicht findet, vergeht schon einige Zeit, bis Sie ihn für tot erklären können.» Bienzle lächelte auf sie hinaub. «Aber noch hoffen wir ja alle, daß wir ihn lebend wiederfinden.» Damit stapfte er davon. Der Sand war heiß und rutschte unter Bienzles Füßen weg. Sein Gang wirkte schwerfällig. Er spürte den Blick der schönen Frau Sauer in seinem Rücken. Als er bei Haußmann ankam, sagte er: «Ich schau mir mal das Zimmer der Sauers an. Sie sollten mich rechtzeitig warnen, wenn die Dame den Strand verläßt.» Haußmann wollte protestieren, aber das hatte bei Bienzle noch nie etwas genützt. Also ließ er es. Ohnehin verleitete die Stimmung in dieser Gegend eher dazu, etwas zu lassen als etwas zu tun – nur Bienzle schien wieder einmal gegen den Strich bürsten zu wollen.

Das Hotel war menschenleer. Um diese Zeit machten die Griechen ihren Mittagsschlaf oder gingen auch zum Strand. Bienzle klingelte zur Vorsicht an der Rezeption. Als sich niemand meldete, ging er um den Tisch herum und schlug das Anmeldebuch auf. Die Familie Sauer hatte das Appartement Nummer 17. Der Schlüssel hing am Brett. Bienzle nahm ihn, stieg eine Marmortreppe hinauf, ging einen kühlen dunklen Gang entlang und fand ganz am Ende des Korridors das Appartement. Es waren zwei große ineinandergehende Räume, ein kleines Bad und eine geräumige Küche, die offensichtlich nicht benutzt wurde.

Hauptkommissar Ernst Bienzle hatte Routine bei Hausdurchsuchungen. Er ging systematisch vor und rückte alles wieder an seinen Platz. Spuren hinterließ er nicht. In den beiden Schränken hingen nur Damenkleidungsstücke und die Sachen für das Kind. Auf dem Schrank lag ein großer Reisekoffer. Bienzle nahm ihn herab. Der Kofferanhänger trug Sauers Namen und Adresse. Bienzle ließ die Schlösser aufschnappen. Der Koffer war vollbepackt. Sorgfältig nahm Bienzle ein Stück nach dem anderen heraus. Er hatte gerade alles auf dem Doppelbett nebeneinandergeschichtet, als es leise an die Tür klopfte.

Bienzle ging hin und öffnete. Davor stand ein schwer atmender und heftig schwitzender Kriminalassistent Haußmann. «Sie kommt!» stieß er hervor, «schnell!» Bienzle kratzte sich am Kinn. Dann schüttelte er den Kopf. «Da, nehmen Sie den Schlüssel, schließen Sie ab und hängen Sie ihn ans Schlüsselbrett. Ich warte hier!» Haußmann wollte etwas sagen, aber Bienzle ließ ihn gar nicht erst zu Wort kommen. «Tun Sie, was ich Ihnen sage, Haußmann!»

Als Frau Marianne Sauer die Tür zum Appartement Nummer 17 aufschloß, sang sie leise vor sich hin. Bienzle erkannte die Titelmusik zu Alexis Sorbas. Was auch sonst?! Frau Sauer betrat den Raum, sie hatte ihre Tochter allein am Strand gelassen, andere Hotelgäste hatten versprochen, auf das Kind aufzupassen. Sie sah Bienzle nicht sofort, denn der Raum lag wegen der geschlossenen Läden im Dunkeln. Frau Sauer hatte am Strand ihren Badeanzug ausgezogen und war unter ihrem Bademantel nackt. Sie wollte ihn gerade ablegen, als Bienzle sagte: «Bitte nicht, ich muß etwas mit Ihnen besprechen!» Erschrocken fuhr sie herum. Sie riß den Mund auf, brachte aber keinen Ton heraus. Bienzle sagte: «Ich möchte Ihnen nicht weiter etwas vormachen, Frau Sauer. Ich bin von der Stuttgarter Kriminalpolizei. Ein Kollege und ich sind beauftragt, das Verschwinden Ihres Mannes aufzuklären.»
«Also das ist doch...» Bienzle hob abwehrend beide Hände.
«Ich weiß, was Sie sagen wollen, und Sie haben ja auch ganz recht. Aber bevor Sie sich zu weit vorwagen: Ich werde jetzt beweisen, daß Ihr Mann am Leben ist. Vorher hätte ich nur noch eine Frage: Waschen Sie Ihre Wäsche hier selber?»
Frau Sauer schüttelte den Kopf. «Dann lassen Sie also im Hotel waschen?» Wieder schüttelte sie den Kopf. «Wir haben genug Kleider mitgenommen. Ein bißchen Handwäsche kann man ja hier machen, wenn es nötig ist.» Bienzle nickte zufrieden. «Dann erklären Sie mir doch bitte, wo sind das blaue Polohemd, die blau-weiß karierte Hose, das blaugoldene Halstuch, der Blazer und die weiße Hose Ihres Mannes?»
«Ich verstehe kein Wort!»
Bienzle lächelte sie an. «Sie glauben gar nicht, wie oft ich diesen Satz schon gehört habe, gestimmt hat er meistens nicht. Sie haben mir

freundlicherweise die Fotos aus der Sofortbildkamera gezeigt. Die Bilder sind alle hier aufgenommen. Ihr Mann trägt darauf die von mir erwähnten Kleider. Er muß sie mitgenommen haben sowie die Edelsteine beim Juwelierverband und das Geld aus der Kasse!»

Der Rest war reine Routine. Frau Sauer hielt Bienzles Fragemethoden nicht stand, zumal er sie nicht schonte. Er hätte sicher nicht zugegeben, daß das etwas damit zu tun hatte, wie geringschätzig sie ihn am Strand angeschaut hatte, aber ausschließen läßt sich das nicht.

Doktor Winfried Sauer war nach Montevideo gefahren. Das Auslieferungsverfahren läuft.

Dakapo

Valerie ärgerte sich, daß sie sich überhaupt darauf eingelassen hatte, die Ausstellung für Biggi zu organisieren. Die Zusage hatte sie gegeben, ohne lange nachzudenken. Sie war auch ärgerlich darüber, daß sie sich ausgerechnet für Brigitte Stabler so einsetzte – schon, daß sie die ehemalige Klassenkameradin Brigitte «Biggi» nannte, ging ihr gegen den Strich. Vertraulich war es zwischen ihnen nie zugegangen. Genaugenommen hatten sie sich immer verachtet – Valerie fand Brigitte in ihrer Ernsthaftigkeit, ihren häufigen düsteren Stimmungen und ihrer allgegenwärtigen Leistungsbereitschaft immer nur dröge und «verschattet», wie sie es ausdrückte. Biggi ihrerseits konnte mit Valeries Leichtlebigkeit, ihrer oft lauten, lärmenden Fröhlichkeit und Oberflächlichkeit nicht viel anfangen. Sie hatten sich tatsächlich gegenseitig verachtet, aber sie hatten sich auch immer geliebt. Anderen Klassenkameradinnen war es immer unverständlich geblieben, warum die beiden so sehr aneinander hingen.

Körperlich waren sie sich nie näher gekommen, obwohl das damals im Internat nichts Ungewöhnliches war. Es gab Freundinnen genug, mit denen Valerie Hand in Hand gegangen war, abends Zärtlichkeiten austauschte oder aneinandergekuschelt einschlief.

Brigitte hatte dunkles Haar und dunkle Augen. Sie war zierlich, wirkte aber in allen ihren Bewegungen kraftvoll und konzentriert. Valerie hatte leichte, lockige rote Haare, die sie mit elegantem Schwung aus der Stirn zu werfen pflegte. Ihre Augen waren grün und lagen tief hinter den Backenknochen. Während Brigitte einen vollen, herzförmigen Mund hatte, waren Valeries Lippen schmal – ein Manko, das sie durch breit aufgetragenen Lippenstift auszugleichen versuchte. Valeries Figur war üppig. Obwohl sie große und schwere Brüste besaß, trug sie nie einen BH unter ihren fließenden und schlakkernden Gewändern aus teuren Seidenstoffen. Brigitte pflegte in Jeans und Pullovern zu gehen.

«Das kalte Buffet lasse ich dort drüben aufbauen», sagte Valerie und drehte die Musik ein wenig leiser. Biggi hatte eine Klaviersuite von Bela Bartok aufgelegt. Die Platte hatte sie eigens mitgebracht. Valerie nervten Bartoks dramatische Tastenritte. Sie wußte genau, Biggi hatte die Platte mitgebracht, weil sie ihrerseits Valeries Musikgeschmack verabscheute. «Wenn ich meine Ausstellung hänge, kann ich nicht gleichzeitig Mozarts Krönungsmesse oder die Träumerei von Schumann hören.» Nun ja, Bartok paßte in der Tat besser zu ihren strengen, an Farben armen Bildern.

Biggi hielt gerade ein Bild an die Wand – «Steg im Hochmoor» hieß es. «Sag mal, Valerie, glaubst du, das kriegt hier genug Licht?» Valerie warf einen prüfenden Blick auf den Platz. «Wir lassen noch einen Spot montieren.»
«O Gott – das ist doch gar nicht alles zu schaffen bis heute abend.» Typisch für Biggi. Im Zweifel entschied sie sich für die pessimistische Perspektive. Valerie winkte ab. «Hajo macht das schon, beziehungsweise er läßt es machen. Organisieren, das beherrscht er. Für irgend etwas begeistert sich jeder...»
In diesem Augenblick öffnete sich oben die Tür zur Empore. Valerie und Biggi befanden sich in der Eingangshalle einer alten Villa, die mit viel Geld und technischem Aufwand in ein modernes Bürohaus umgewandelt worden war. Jetzt residierte hier die Werbeagentur «Bergmüller und Partner».

Valerie sah zu ihrem Mann hinauf. «Und das Tollste an Hajo: Er hat immer eine Nase dafür, wann er gebraucht wird!»
Hajo schritt die Treppe herunter – ein gutaussehender Mann Anfang 40, Typ Tennisspieler, gekleidet in Jeans und ein engsitzendes Polohemd. Die hellblonden Haare hatte er enganliegend nach hinten gebürstet. Überhaupt schien alles an ihm glatt und ohne Kanten zu sein.
«Du redest von mir, mein Schatz?» fragte er in leicht ironischem Ton. Valerie gab in nicht weniger ironischem Ton zurück: «Gewiß, mein Schatz!»

Hajo hakte sich bei Valerie ein und küßte sie flüchtig auf die Wange. «Wird's eine schöne Vernissage?»

Valerie warf einen skeptischen Blick auf die Bilder. Biggi zuckte nur verlegen mit den Schultern, ging aber auf Hajos Frage nicht ein.

«Auf jeden Fall eine entscheidende», sagte Valerie, «für Biggi!»

Es entstand eine kurze Pause. Die drei standen nur da und wirkten, jeder auf seine Weise, ein wenig verlegen. Valerie ergriff wieder das Wort: «Und damit alles hundertprozentig wird, brauchen wir dort drüben und da oben je noch einen Spot.»

«Hör mal, Valerie», legte sich Biggi ins Zeug, «das muß aber überhaupt nicht sein...»

Valerie winkte nur ab. «Hajo schafft das schon!»

Hajo strahlte Biggi mit seinem bestrickendsten Lächeln an.

«Sicher – Unmögliches wird sofort erledigt.» Dann wendete er sich wieder an seine Frau. «Ich habe übrigens sechzig Flaschen Sekt bestellt.»

Valerie fuhr auf: «Wie bitte, Sekt?»

«Wenn du lieber Milch-Shakes reichen möchtest, oder klares Brunnenwasser...»

«Meine Freundin macht eine entscheidende Ausstellung, und du orderst Sekt. Wir bieten selbstverständlich Champagner an!» «Ganz wie du willst, mein Liebling!» Hajo gab seiner Frau einen raschen Kuß und verließ den Raum. Biggi sah die Freundin verständnislos an. «Wenn ich so einen gutmütigen Mann hätte, würde ich ihn nicht noch provozieren!»

«Wenn du überhaupt einen Mann hättest...», erwiderte Valerie gehässig.

Biggi überlegte sich einen Augenblick, ob sie dieser kleinen Gemeinheit begegnen sollte, entschied sich dann aber für ihre Arbeit. Sie hängte das Bild, das sie soeben hoch an der Wand plaziert hatte, wieder ab und trug es zur entgegengesetzten Wand. Valerie ertappte sich dabei, daß sie Biggi beneidete. Wie sie hier mit sicheren Griffen und einer guten Übersicht die Ausstellung komponierte, das wies sie als selbständige, ja souveräne Frau aus. Valerie glaubte nur ein Terrain zu haben, auf dem sie der Freundin wirklich überlegen war. «Wenn er nur nicht so eifersüchtig wäre», sagte sie. Biggi blieb einen Moment stehen. «Hat er denn Grund dazu?»

«Ja, glaubst du denn, ich sei schon zu alt für die Liebe?» Valerie lachte Biggi fast aus.

Biggi war regelrecht entsetzt. «Du hast neben Hajo noch einen anderen?»

«Schau mal, Hajo ist nun wirklich nicht der Mann meines Lebens. Er zeigt mich gern her. Er ist überhaupt einer, der für alles immer die richtigen Leute findet. Hajo ist ein Moderator für Begabungen und Talente. Ihm selber fällt ja nur herzlich wenig ein. Er ist nicht mal originell. Auch dafür hat er seine Leute. Und in unserer Ehe ist das nicht viel anders als in seiner Agentur.»

Biggi schüttelte irritiert den Kopf. «Das ist wirklich nicht schön, wie du redest.» Sie machte sich wieder an die Arbeit. Valerie schaute Biggi einen Moment verächtlich zu, ohne daß diese etwas davon bemerkte.

«Jeder muß nach seiner Fasson selig werden», sagte Valerie obenhin. «Du hast deine Malerei...»

«Wer ist der andere?» fragte Biggi.

Valerie schaute zur Eingangstür. Sie versuchte es mit einem kleinen Lächeln. «Das nenne ich Leute ausfragen.»

Im Chefbüro der Agentur hatte zu diesem Zeitpunkt ein sogenanntes kreatives Gespräch begonnen. Hajo Bergmüller, sein Partner Peter Clemens und der top-kreativste der Agentur, Norbert Plötz, saßen um einen ovalen Tisch aus Drahtglas, der auf verchromten Böcken ruhte. Hajo lehnte an der Fensterbank. Norbert Plötz lümmelte sich auf einen Sessel am Tisch und hatte die Beine auf die Glasplatte gelegt. Peter Clemens stand am Flip-Chart und zeichnete gerade schwungvoll einen Rahmen, dann mit ein paar Strichen ein Motiv: großes Doppelbett mit einem sich liebenden Paar drauf. Er doziert: «So ungefähr, dann hier den Slogan: ‹Ihr Bett ist mehr als eine Lagerstatt›. Da auf dem Tischchen eine Flasche Schampus, Blumen, Zigaretten, goldenes Feuerzeug. Da kommt dann der Copytext – irgendwas so in der Art: ‹Nicht nur beim zarten Liebesspiel beweist der Mann sein zartes Stilgefühl› oder ‹Woran ein kluger Mann nicht spart, das ist die feine Lebensart› – Ihr versteht schon. Die Anmutung muß so sein, daß jeder sofort sagt, wenn ich so ein Bett habe, werde ich zu einer Mischung aus Robert Redford und Horst Schimanski.»

«So hat man vielleicht vor zwanzig Jahren Werbung gemacht», nuschelte Norbert Plötz. Er war ein Mann Ende Zwanzig, lang und schlaksig mit einem ernsten schmalen Gesicht, in dem die melancholischen dunklen Augen dominierten.

Clemens fuhr wütend herum. Einen Augenblick verhakten sich die Blicke der beiden ineinander. Norbert Plötz lächelte ironisch, überheblich, wie es Clemens erschien. Peter Clemens hatte Mühe, sein Gleichgewicht wieder zu finden. Er wollte etwas sagen, aber just in dem Augenblick ging die Tür auf und Valerie kam herein. Norbert veränderte sich sofort. Auch seine Haltung. Er nahm zwar die Füße nicht vom Tisch, aber sein ganzer Körper hatte nun etwas Gespanntes und Erwartungsvolles. Der sarkastische Zug um seinen Mund verschwand.

Valerie schien nur Blicke für ihren Mann zu haben. «Ich gehe dann», sagte sie. Es war, als ob die Anwesenheit Valeries Norbert einen Kick gegeben hätte. Er sprang plötzlich auf, ging zum Flip-Chart, nahm Clemens den Boardmaker aus der Hand, riß das oberste Blatt ab, und während Valerie zu Hajo ging, um sich mit einem Kuß zu verabschieden, fing Norbert an, mit schnellen Strichen eine ganz andere Anzeige zu entwerfen. Hajo fragte Valerie: «Bist du zufrieden?» Valerie zuckte die Achseln. «Jetzt, wo das Zeug hängt, glaube ich, daß ich Biggi wohl überschätzt habe.» Sie küßte ihn auf den Mund, und er streichelte sie kurz, eine Geste, die etwas Besitzergreifendes, fast Lasziives hatte. Norbert registrierte es aus den Augenwinkeln, aber er wandte sich dann, während Valerie, ihrer Wirkung voll bewußt, zur Tür ging, wieder dem Flip-Chart zu.

«Wir brauchen die Identifikation des Zielpublikums und müssen das zugleich sophisticated – wir zeigen zum Beispiel eine unglaublich schöne Nonne auf dem Weg ins Bett, die sich gerade entkleidet.»

Valerie blieb an der Tür noch einen Moment stehen, lachte leise auf und sagte: «Norberts Phantasie!!» Dann ging sie vollends hinaus.

Norbert fuhr unbeirrt fort: «Oder – Petrus lümmelt sich auf einer Wolke, die das Dessin unserer Bettwäsche hat und sagt: ‹Mein Job ist hart, wie gut, daß der Boß am Bett nicht spart...› oder so.»

Hajo sah Norbert streng an und sagte: «Hör auf uns zu verarschen.»

«Wart mal – ich hab's!» Jetzt wurde Norbert ganz aufgeregt. «Das

Bett als Lebensraum, Lustwiese, das ist alles nichts... aber... wolkenweich, das wär 'n Wort – wolkenweich, das signalisiert etwas –...»

Er schrieb das Wort groß über die ganze Breite des Blattes und zeichnete eine Wolke drum herum, und auf die Wolke kritzelte er mit dem Stift einen kleinen Engel, der Marilyn Monroe nicht unähnlich war. Norbert tippte mit der Spitze des Boardmakers auf die Skizze, zog unter die Wolke einen dicken Strich und sagte: «Und hier drunter nur die Firmierung. Wir vermitteln kuscheliges Wohlbehagen und Erotik, und das nur im Bild.»

Hajo nickte ein paarmal. «Das gefällt mir nicht schlecht.»

Clemens meinte zweideutig: «Ja, davon versteht er was, unser Topkreativer!»

Norbert riß mit Schwung das Papier ab und wickelte es zu einer Rolle zusammen. Er ging zum Fenster und schaute mit einem Auge hindurch, wie durch ein Fernrohr. In dem runden Ausschnitt sah er Valerie, die das Haus verließ, über den sonnendurchfluteten Vorhof gehen und in einen offenen Sportwagen steigen. Während er ihr mit den Augen folgte, wie sie mit ihrem Auto langsam das Gelände verließ, sagte er: «Nur kein Neid, Peter, mir wär's viel lieber, ich hätte deinen Kaufmannsverstand.»

Er wendete sich vom Fenster ab und schlug die Rolle ein paarmal in die flache Hand. Peter Clemens war tatsächlich ein Mann, dessen hervorstehende Eigenschaft sein klarer mathematischer Verstand war. Solange er an der Agentur beteiligt war, würden die kaufmännischen Prinzipien immer Vorrang haben vor den gestalterischen Höhenflügen von Hajo, Norbert und den anderen kreativen Mitarbeitern.

«Tja, ich geh mal dran», sagte Norbert.

«Zwölf Motive?»

Hajo nickte zustimmend. «Zielrichtung Geborgenheit *und* Erotik.»

Norbert ging zur Tür. «Da kann man mal wieder sehen, wie wir in der Werbung die Hucke vollügen.»

«Wieso das denn?» rief Hajo.

«Weil im wirklichen Leben beides kaum einmal zusammengeht.»

Damit verließ Norbert den Raum.

Clemens ging nervös in Hajos Chefbüro auf und ab, während sich sein Partner zufrieden hinter seinen Schreibtisch setzte. «Das sieht ja alles gar nicht schlecht aus. Kannst du's gleich mal kalkulieren?» sagte Hajo zu dem Freund.

Clemens hatte ihm nicht richtig zugehört. Er blieb auf seiner Wanderung durchs Zimmer plötzlich direkt vor Hajos Schreibtisch stehen. «Sag mal», stieß er hervor, «ich hab gehört, Valerie und der Norbert...»

Hajo fuhr so heftig herum, daß Clemens förmlich erschrak. Es war klar, seine Andeutung hatte bei Bergmüller eingeschlagen wie eine Bombe. «Was? – Was ist los? – Ich glaube, ich versteh nicht...» Clemens hob abwehrend beide Hände. «Mein Gott, reg dich doch nicht so auf. Es muß ja nichts dran sein.»

«Wo – wo muß nichts dran sein?»

«Ich könnte mir die Zunge abbeißen, daß ich überhaupt davon angefangen habe!»

Hajo stand auf und packte Peter Clemens an den Aufschlägen seiner Jacke. «Peter, wir sind alte Freunde. Du weißt, wie wichtig mir Valerie ist – ich könnt's nicht ertragen...» Hajo wagte es nicht, den Satz zu vollenden. Das tat dann aber Peter Clemens, und ein Lächeln spielte dabei um seine Lippen. «Wenn Sie dich betrügen würde und dann auch noch mit deinem eigenen... ich meine, mit deinem besten Mann!»

Hajo tigerte nun im Zimmer auf und ab, während Clemens sich ruhig in den Schreibtischstuhl setzte. Er beobachtete Hajo lauernd. «Ich würde ihn umbringen», stieß Hajo hervor.

Clemens wirkte nun ganz jovial. «Hajo, wir sind doch aufgeklärte moderne Menschen. Außerdem: Es ist ja sicher nur ein Gerücht, weiter nichts – bestimmt ist es nur ein Gerücht!»

Hajo wiederholte mit noch mehr Nachdruck: «Ich würde ihn umbringen!»

Clemens winkte müde ab. «Es ist ja doch überhaupt nichts bewiesen.»

«Das krieg ich raus, verlaß dich drauf!»

Clemens sagte nachdenklich mit einem lauernden Blick: «Du bist natürlich dauernd unterwegs. Deine Frau ist oft allein – vielleicht zu oft. Ihr bewohnt ein großes Haus...»

«Du meinst, sie treiben es bei mir, bei uns zu Hause? Das wär ja…»
Clemens unterbrach ihn: «Unsinn, ich sage nur, ich könnte es verstehen, wenn Valerie sich manchmal ein bißchen vernachlässigt und einsam fühlen würde.»
Hajo wirkte nun sehr nachdenklich. «Früher ist sie öfter mal mitgefahren, wenn ich auf Reisen war, aber in letzter Zeit… ja sicher, da hat sich ein bißchen was verändert. Sie selber hat sich verändert. Warum ist mir nicht schon früher etwas aufgefallen?»

Valerie hatte mit ihrem Wagen die Stadt verlassen. Sie war über eine steile Ausfallstraße zu den Parkplätzen an die hochgelegenen Bärenseen gefahren, die nicht nur in eine idyllische Landschaft gebettet waren, sondern auch das Wasserreservoir der Stadt bildeten. Hier gab es rund um die Seen beschauliche Wege, die an Wochentagen von fast niemanden begangen wurden. Valerie ging langsam unter hohen Buchen, Pappeln und Birken auf dem weichen Waldweg, der unter ihren Sohlen sanft federte. Ein paar vereinzelte Vögel sangen, und vom See her hörte man gelegentlich das Schnalzen, das anzeigte, daß die Fische aus dem Wasser sprangen.
Sie hörte vom Parkplatz her ein vertrautes Motorengeräusch und verlangsamte ihre Schritte noch mehr. Schon seit Wochen war dies hier ein geheimer Treff für sie und Norbert Plötz, und ein versteckter Blick genügte, um sich darauf zu verständigen, daß man sich hier treffen wollte.
Ohne sich umzusehen ging sie weiter. Auch als sie die raschen Laufschritte und den näherkommenden keuchenden Atem hörte, wendete sie sich nicht um. Norbert stoppte erst ab, als er dicht neben ihr war. Auf seiner Stirn standen Schweißperlen. Sein Atem ging rasselnd. Valerie sah ihn spöttisch an. «Du solltest vielleicht ein bißchen etwas für deine Fitneß tun.» Norbert antwortete nicht, es fehlte ihm noch der Atem. Er griff nur nach ihrer Hand. Valerie wich geschickt aus, so daß Norbert den Eindruck haben konnte, sie hätte nur aus Versehen in diesem Augenblick ihren Gürtel zurechtgerückt. Schweigend gingen sie nebeneinander her, nahmen nach etwa dreißig Metern einen schmalen Trampelpfad nach rechts, der sanft und in langgezogenen Schwüngen weiter nach oben bog. Die Büsche rechts und links standen so dicht, daß die beiden nur hintereinander gehen konnten. Sorg-

fältig drückte Norbert die Äste nach der Seite weg, so daß Valerie von ihnen nicht gestreift wurde.

Sie erreichten eine kleine Lichtung, eigentlich nur so einen lichten Fleck, der dicht von Bäumen umstanden war. Hier endete der Trampelpfad. Norbert nahm Valerie in die Arme, versuchte sie zu küssen. Sie ließ es sich auch gefallen, war aber nicht so recht bei der Sache. Hinter seinen Schultern hob sie den linken Arm und warf verstohlen einen Blick auf ihre Armbanduhr. Dann löste sie sich von ihm und ging nervös ein paar Schritte auf und ab. Norbert ließ sich ins Gras fallen und streckte Arme und Beine weit von sich, so daß er ein X bildete. Valerie blieb stehen und schaute auf ihn hinab. Norberts Gesicht war seltsam ernst. «Ich... du... ich... sag mal, was bin ich eigentlich für dich?»

Valerie sagte mit einem leichten Achselzucken: «Ein Mann.»

«Genauer!»

«Ein Mann, der meine Welt bunter, fröhlicher, liebenswerter macht.»

«Mehr nicht?»

Valerie legte ihren Kopf schief, als ob sie nachdenken müßte. Sie riß eine Blume ab und zupfte die Blütenblätter so aus, daß sie auf Norberts Brust und Bauch hinabfielen. «Mein Liebhaber natürlich auch.»

«Ist das alles?»

«Ist das nicht genug?»

«Nein!»

«Na hör mal!»

Valerie sah Norbert befremdet an. Der richtete sich ruckartig auf und umschlang mit seinen Armen ihre Beine. Die Geste hatte etwas Dramatisches und war Valerie sichtlich unangenehm. «Laß das doch», sagte sie grob.

Norbert ließ sie überrascht los. Er stand auf. Er war verletzt. Ungelenk stand er mit hängenden Armen vor ihr. Er holte tief Luft: «Valerie, es ist jetzt vielleicht nicht der richtige Zeitpunkt...»

Valerie legte sich nun ins Gras, und zwar in einer Pose, die etwas sehr Verführerisches hatte. Das rechte Bein war lang ausgestreckt, das linke hatte sie angewinkelt, so daß der Rock weit über die Schenkel hinaufrutschte. Mit dem Daumennagel fuhr sie vom Knie über die

Innenseite des linken Schenkels hinauf bis zum Rand des Rockes. «Komm», sagte sie leise und mit vibrierender Stimme. «Jeder Zeitpunkt ist richtig, wenn man nur Lust hat!» Norbert blieb ernst. «Ich wollte...» Aber Valerie unterbrach ihn rasch: «...ich will ja auch, komm her und red nicht so viel!»

Norbert warf sich neben Valerie ins Gras und umschlang sie. Er brauchte ihre Bluse und ihren Rock nicht zu öffnen, das übernahm sie selbst. Was Norbert als Zeichen der Erregung nahm, hätte ein neutraler Beobachter für reine Routine halten können.

Die Vernissage war vorüber. Für Valerie war sie ein großer gesellschaftlicher Erfolg gewesen, für Biggi ein Fiasko. Sie hatte nur ein einziges Bild verkauft, und das hatte Hajo erstanden. Brigitte Stabler war sich sicher, daß er es nur aus Mitleid mit ihr getan hatte. Valerie ließ Biggi spüren, daß sie verloren hatte. Jetzt war die Malerin damit beschäftigt aufzuräumen. Die letzten, zum Teil ziemlich alkoholisierten Gäste standen in kleinen Gruppen herum, während Biggi Teller, Besteck und Gläser einsammelte und die Treppe hinauf zu der kleinen Kaffeeküche brachte, in der auch ein kleiner Geschirrspüler stand. Nur Ursula, Peter Clemens Frau, wollte Biggi helfen. Frau Clemens war ein mütterlicher Typ, zu dick, zu breit, zu laut und sehr freundlich. «Warte, Biggi, ich helf dir doch», rief sie jetzt.

Leise sagte Biggi zu Valerie: «Ich hätte es wissen müssen, die Schickeria ist kein Publikum für meine Bilder.»

«Fragt sich, ob es dafür überhaupt ein Publikum gibt», sagte Valerie gehässig und wandte sich an Ursula. «Kommst du mal...!» Sie nahm ihr einen Stapel Teller weg, den Ursula gerade aufgenommen hatte, um ihn in die Küche zu bringen, und drückte ihn Biggi in die Hände. Wenn es noch einer Geste bedurft hätte, um Brigitte Stabler zu sagen, daß sie nun endgültig unten durch war – dies hätte genügt. Biggi schwankte zwischen abgrundtiefer Trauer und ohnmächtiger Wut. Leise, aber nachdrücklich sagte sie zu sich selbst: «Das zahle ich dir heim. Eines Tages zahle ich dir alles heim, du Aas!»

Valerie hatte nun Ursula ein Stück zur Seite geführt. Die beiden standen zwischen zwei Stellwänden. «Das arme Ding», sagte Ursula und schaute zu Biggi hinüber.

«Pppfff, wenn man jemand so eine Chance gibt, und er kann sie nicht nützen!!!»

«Trotzdem!» Ursulas Mitgefühl mit Biggi war durchaus echt. Ungerührt herrschte Valerie Ursula an: «Dir wollte ich sagen, immerhin ist dein Mann Mitbesitzer dieser Agentur...»

«Ja, und?»

«Und – du gehörst nicht zum Personal, meine Liebe!»

«Vielleicht gehöre ich ja gar nicht hierher», sagte Ursula mit Trauer in der Stimme.

«Diese Erkenntnis kommt allerdings reichlich spät. Der Abend ist schließlich vorüber.»

Valerie wandte sich ab und ging auf Ursulas Mann, Hajo und Norbert zu, die in einer Ecke standen und in ein Gespräch vertieft waren. Ursula schaute ihr nach, als ob sie hinter ihr her wollte, entschloß sich dann aber doch, Biggi zu helfen. Valerie trat zu den drei Männern. Norbert dozierte gerade, er war allerdings leicht angetrunken, und seine Stimme wackelte verdächtig.

«Der OSB-Unic Selling Position, also das was unser Produkt von allen vergleichbaren Produkten in den Augen des potentiellen Käufers unterscheidet, das ist... also das ist: das Bett als kommunikativer Ort. Versteht ihr?»

Valerie lachte die Tonleiter hinauf. «Also, wenn das nicht zieht, zieht gar nichts mehr!» rief sie fröhlich.

«Ist aber so! Im Bett wird geredet, gelesen, gegessen, geliebt, gestritten und...»

«... gestorben!» vollendete Hajo mit finsterer, fast drohender Miene. Nobert tauchte für Augenblicke aus seiner besoffenen Euphorie auf. «Wie? Ach so, richtig... – ganz richtig, bloß daß wir damit vielleicht doch lieber nicht werben sollten!»

Er mußte selber herzlich und selbstgefällig über seinen Scherz lachen. Hajo jedoch blieb ernst. Unvermittelt sagte er: «Ich muß übrigens morgen für zwei Tage verreisen!» Valerie und Norbert schauten sich kurz an, dann wendete sich Valerie ihrem Mann zu. «Du bist immer für eine Überraschung gut!»

Hajo blieb ernst und für seine Verhältnisse außerordentlich reserviert. «Ja», sagte er vieldeutig, «das glaube ich auch!» Jetzt sah Valerie Clemens an. Kleine Schweißtropfen sammelten sich über seiner

Oberlippe. Er spielte nervös mit seinen Händen. Die Atmosphäre war plötzlich gespannt. Da war es wie eine Erlösung, daß Ursula zu der Gruppe trat und zu Clemens sagte: «Wie ist's Liebling, gehen wir?»

Clemens war diese Mahnung erkennbar unangenehm. Er warf einen schnellen Blick aus den Augenwinkeln zu Valerie hinüber, die spöttisch lächelte. Schnell sagte er: «Du kannst ja schon mal vorausfahren, ich nehme mir dann ein Taxi.»

Ursula war konsterniert. «Aber, ich dachte...», sie wirkte unbeholfen und unglücklich. Clemens wandte sich, ohne weiter auf seine Frau zu achten, wieder den anderen zu. «Wir müssen aber morgen vormittag die Konzeption durchsprechen», sagte er zu Hajo. Dann zu Norbert: «Wie weit bist du denn?» Norbert warf die Arme hoch und drehte sich tänzerisch um sich selbst, dann schaute er Valerie direkt in die Augen: «Da siehst du's wieder, alle Räder stehen still, wenn der Kreative es nur will!»

«Du weißt genau, der Kunde trommelt schon!» sagte Hajo.

«Na ja – fahr ich mal und schreib noch ein paar Slogans, damit ihr morgen euren Gewinn berechnen könnt», sagte Norbert.

«Es ist besser, du fährst nicht mehr, Nobbi – ich ruf dir ein Taxi.» Norbert sah Hajo aus schmalen Augen an. «Ich mag's nicht, wenn du mich Nobbi nennst und ich mag's erst recht nicht, wenn du so fürsorglich bist!»

Hajo war inzwischen zum Telefon gegangen. Clemens war dicht an Valerie herangetreten. Leise sagte er: «Mal angenommen, Hajo fährt morgen gar nicht weg?»

«Genau darüber denke ich gerade nach», sagte Valerie und lächelte Clemens herausfordernd an.

Hajo und Valerie Bergmüller besaßen hoch oben in der Hasenbergsteige, einer steilen Anwohnerstraße, die aus dem Zentrum der Stadt zu den Wäldern auf den Bergen hinaufführte, eine alte Jugendstilvilla, die sie mit viel Geld und nach Valeries ausgeprägtem Geschmack hatten renovieren lassen. Die lichtdurchfluteten Räume gliederten sich ohne Türen zu einem großzügigen Mosaik. Selbst das Bad, für das Hajo aus Marmor in Carrara die Platten maßstabsgerecht hatte zuschneiden lassen, verfügte über keine Tür. Die Flucht der ineinandergehenden hohen stuckverzierten Räume endete in einem prächtigen Wintergarten, der nach Süden hin gebaut und mit Grünpflanzen vollgestopft war. In einer Voliere sangen, piepsten und tirilierten exotische Vögel.

Valerie hatte das riesige Bett unter die Wipfel zweier Zimmerpalmen schieben lassen. Hier saß nun Norbert Plötz, die Beine untergeschlagen. Sein weißer Körper, dem man ansah, daß er nie einer schweren Belastung ausgesetzt wurde, hob sich fast dramatisch von dem Schwarz der seidenen Bettwäsche ab. Valerie schritt von der Bar her durch die Räume. Sie trug nun einen roten Kimono und ging auf hochhackigen Pantöffelchen. Sie trug ein Tablett, auf dem kostbares Kaffeegeschirr und eine Schale mit Gebäck stand. Norbert breitete die Arme aus und rief: «Was ich sage, das Bett als Zentrum des Lebens. Mmmm – der Kaffee duftet! – Gibt's etwas Schöneres als die Liebe am Nachmittag?!»

Valerie setzte das Tablett ab und goß für beide Kaffee ein. Dabei sagte sie: «Eigentlich finde ich es ja unverantwortlich, daß du die Agentur im Stich läßt, wenn der Chef nicht da ist...» Norbert lachte. «Leider ist das Risiko zu groß, wenn er anwesend ist... Deine Worte! ... – Außerdem, Peter Clemens ist ja da, der absolut zuverlässige Partner, der macht das schon alles!»

Er nippte an dem Kaffee und schaute Valerie über den Tassenrand an. «Liebst du deinen Mann eigentlich?»

«No comment», antwortete Valerie.

«Und wenn ihm nun überraschend etwas zustoßen würde – ich meine: etwas Ernsthaftes?»

Valerie blieb kühl. «Dann würde ich die Leitung der Agentur übernehmen.»

«Und was wäre mit Peter Clemens?»

«Der wäre plötzlich ein reicher Mann – die beiden haben nämlich eine Lebensversicherung auf Gegenseitigkeit abgeschlossen – Geschäftspartner machen das manchmal. Aber an den Mehrheitsverhältnissen ändert das nichts.»

Norbert sah Valerie aufmerksam an. «Du wärst also der Boß!»

Valerie ließ sich gegen ihn fallen und warf ihn auf das Bett. «Ja sicher, und du wärst mein Angestellter, und was wir zwei hier machen wäre Unzucht mit Abhängigen!»

Während Valerie und Norbert «in die zweite Runde gingen», wie Norbert das nannte, näherte sich dem Anwesen am Hasenberg eine große Limousine, an deren Steuer Peter Clemens saß. Auf dem Beifahrersitz sein Freund und Geschäftspartner Hans-Jochen, genannt Hajo, Bergmüller. Er hatte die Hände flach zwischen die Knie gepreßt. Clemens nickte zu einem Jeep hinüber, der am Straßenrand geparkt war und von dem beide wußten, daß er Norbert Plötz gehörte. Peter Clemens verlangsamte die Fahrt und ließ seinen Wagen ausrollen. Einen Augenblick saßen die beiden Männer nebeneinander und starrten geradeaus, ohne daß einer der beiden sprach.

Schließlich sagte Hajo mit belegter Stimme: «Danke dir Peter – es tut gut, in so einer Situation einen so guten Freund zu haben.» Er zog einen Revolver aus der Jackentasche und ließ die Trommel herausspringen, um sich zu vergewissern, ob auch alle Kammern geladen waren. Clemens sagte: «Du hast mir versprochen, ihm damit nur Angst einzujagen!»

Abwesend gab Hajo zurück: «Ja, ja!»

Clemens sah ihn aus den Augenwinkeln an. «Juristisch ist das hundertprozentig ein Mord im Affekt, wenn du die zwei in flagranti ertappst. Zwei Jährchen, mehr kostet das nicht. Aber will's der Teufel und der Richter hat auch heimlich eine Freundin...»

«Bitte? Ich versteh nicht...»

«Na so einer solidarisiert sich doch garantiert mit dem ermordeten Liebhaber und knallt dir womöglich zehn Jahre rein. Außerdem, weißt du, du bist jetzt viel zu emotionalisiert. Ich denke, wir sollten vielleicht umkehren – womöglich drehst du ja doch durch da drin.»

«Ich weiß schon, was ich tue – und was sind schon zwei Jahre!»

«Menschenskind!» Clemens echauffiert sich. «Hajo, so kannst du doch nicht leben – komm, komm laß uns zurückfahren. Du bist wirklich nicht der Mann für so etwas. Das bringst du doch gar nicht. Das endet womöglich mit einer glatten Blamage!»

«Laß mich, ich weiß genau, was ich tue!»

Hajo machte sich daran auszusteigen. Clemens faßte so zu ihm hinüber, daß er ihn gerade nicht mehr erreichen konnte – es war nur ein gespielter Versuch, den Freund aufzuhalten. Leise sagte Clemens: «Paß auf dich auf!»

Langsam, dann immer schneller werdend, ging Hajo wie in Trance auf sein Haus zu. Clemens stieg nun ebenfalls aus, schaute die Straße hinauf und hinunter. Es war ein ruhiger Nachmittag. Außer einem Mann, der seinen viel zu fetten Dackel spazierenführte, war niemand unterwegs. Clemens rieb die Hände, als ob er sie waschen wollte, versenkte sie dann tief in den Taschen und schlenderte langsam auf das Haus zu. Er hatte es fast erreicht, als er nacheinander drei Schüsse hörte. Clemens nickte zufrieden und betrat dann ohne Eile das Haus der Bergmüllers.

Valerie war noch immer im Bademantel und saß wie paralysiert in einem Schaukelstuhl. Hajo war auf einem Hocker zusammengesunken. Clemens lehnte im Türrahmen. Zwei Männer in dunklen Uniformen trugen gerade Norbert Plötz' Leiche in einem Blechsarg hinaus. Auf dem schwarzseidenen Bettuch war ein großer Blutfleck zurückgeblieben. Neben dem Bett stand Kommissar Ernst Bienzle, ein Mann Mitte Vierzig, den der Polizeidienst und auch das übrige Leben ziemlich illusionslos gemacht hatte. «So ein Glücksfall», sagte er.
Clemens und Valerie schauten überrascht auf. Hajo hörte offenbar überhaupt nicht zu.
«Haja, wenn man den Täter gleich neben der Leiche findet, die Mordwaffe noch in der Hand und ein klares Motiv ist auch da. So einfach hat man's selten!»
Valerie besann sich nun, daß sie vielleicht doch ein bißchen mehr Trauer zeigen sollte. Sie schniefte und suchte ihren Bademantel nach einem Taschentuch ab. Das machte sie aber so geschickt, daß sie dabei eine Menge von ihrem schönen Körper preisgab. Clemens trat zu ihr und reichte ihr sein Taschentuch. Der Kommissar registrierte es. Dann ging er zu Valerie hinüber, baute sich vor ihr auf und sagte: «Jetzt beruhiget Se sich halt – so ein Geliebter net wahr... so ein Geliebter ist ja schließlich ersetzbar.»
Abrupt wendete er sich wieder ab. Er trat nun zu Hajo Bergmüller, der noch immer wie ein Häufchen Elend dasaß. «Also, Sie kommet heim – überraschend, weil die Reise... wo waren Sie überhaupt?» Clemens meldete sich: «Bei mir!»
Hajo schaute zum erstenmal hoch, Überraschung im Gesicht. Auch der Kommissar schien überrascht zu sein. «Ach ja – ich hab denkt...» Er redete bewußt nicht weiter, sondern fixierte nur Clemens interes-

siert. Der sagte nun etwas zu hastig: «Es ist mir jetzt erst klargeworden, Herr Kommissar, daß Hajo... ich meine, Herr Bergmüller, die ganze Zeit nichts anderes vorhatte, als Norbert Plötz umzubringen.»

Bienzles Augen wurden schmal. Er sah von Clemens zu Bergmüller und wieder zurück zu Clemens, dann starrte er einen Augenblick die schöne Valerie an. Sein Blick kehrte zu Clemens zurück. «Ist Ihnen klar, was Sie damit sagen?» Clemens ging nicht darauf ein. «Mein Gott, ich hätte die richtigen Schlüsse ziehen sollen. Ich hätte ihn hindern müssen. Aber wer denkt denn auch an so was?»

«Sie offenbar!» sagte Bienzle und schüttelte leise den Kopf. Hajo Bergmüller schaute Clemens mit zunehmendem Entsetzen an. Bienzle trat nun dicht vor Clemens hin.

«An was, an was genau hättet Sie eigentlich denke solle oder wolle oder müsse?»

«Na ja, daß er vor hat, einen Mord zu begehen, kalt kalkuliert, exakt geplant, vorsätzlich, vorsätzlich!»

«Sie sind Jurist, ja?»

«Wie... äh... wie kommen Sie denn darauf? Ja, ja, ich hab mal Jura studiert, aber jetzt bin ich Geschäftsführer unserer gemeinsamen Agentur.»

Kommissar Bienzle nickte. Das wußte er. Er trat nun zu Hajo. Der Mann tat ihm leid. «Tja», sagte Bienzle, «da gilt nun schon wieder mal mein alter Spruch: Wenn man solche Freund hat, braucht man keine Feinde mehr – wenn Sie dann bitte mal mitkommen wollten, Herr Bergmüller!»

Für Valerie hatte Bienzle schon lange keinen Blick mehr. Er legte Hajo, der jetzt mühsam aufstand, die Hand auf die Schulter. «Auf vorsätzlichen Mord steht lebenslänglich», sagte Bienzle. «Wollen Sie vielleicht Ihren Freund und Partner noch fragen, warum er Sie da reinreiten will?»

Hajo schaute von Clemens zu Valerie und zurück, dann schüttelte er nur stumm den Kopf. «Ja, sehen Sie, das sage ich auch immer, Fragen, die man sich auch selber beantworten kann, muß man anderen gar nicht stellen.»

Bienzle deutete zur Tür, die hinausführte und verbeugte sich dabei ein wenig, so daß es fast wie eine Einladung aussah. Hajo ging langsam

Richtung Tür. Er sah in einem großen Spiegel, der rechts von der Tür hing, wie seine Frau und Clemens sich einen Augenblick verschwörerisch anschauten. Clemens lächelte sogar ein wenig – siegesgewiß! Hajo griff nach einer Vase, die am Fußende des Bettes auf dem Boden stand und warf sie mit aller Kraft in den Spiegel. Valerie und Clemens fuhren erschrocken zusammen. Bienzle blieb ruhig, er zuckte nur die Achseln und sagte dann zu Clemens und Valerie: «Des bedeutet sieben Jahre Pech, wenn mr abergläubisch ist.» Dann führte er Hajo vollends hinaus und zog die Tür hinter sich zu.

Nach ein paar Sekunden, in denen die beiden völlig bewegungslos verharrten, sprang Valerie plötzlich auf und sprang Clemens in die Arme. Aber der blieb seltsam starr und schien gar nicht bei der Sache zu sein. Sein Gesicht war sehr nachdenklich. Vor dem Haus übergab Bienzle Hajo zwei uniformierten Beamten, die neben einem Polizeiauto standen und auf seine Befehle warteten. Bienzle öffnete Hajo die Fondtür und sagte: «Ich hab mal einen Kollegen gehabt, der hat seine Frau mit einem jüngeren Beamten erwischt. Er hat den dann gezwungen, sie zu behalten. Jetzt büßt er lebenslänglich!»

Bienzle lachte leise in sich hinein. Aber Hajo hatte ihm wohl gar nicht zugehört. Er ließ sich auf die Rückbank des Polizeiautos sinken und hatte einen ganz leeren Blick. Bienzle ging ums Auto herum und wollte auf der anderen Seite einsteigen, überlegte es sich dann aber doch anders und sagte zu dem uniformierten Beamten: «Ihr bringt den Herrn Bergmüller ins Untersuchungsgefängnis, der Haftrichter ist unterrichtet.» Er ging in den Garten zurück.

Währenddessen ging drinnen im Haus Valerie nervös auf und ab. Clemens hatte ihren Platz im Schaukelstuhl eingenommen. «Ich versteh dich nicht», rief Valerie heftig und zerknautschte ihr Taschentuch. «Alles läuft nach Plan. Hajo ist für alle Zeit weg. Norbert steht nicht wieder auf, ich übernehme Hajos Stuhl, du bist der alleinige Chef neben mir. Wir treffen uns, wann immer wir Lust haben – keiner verlangt zuviel von dem anderen. Du hast deine Frau und deine Familie, ich habe die Agentur und... na ja... die Qual der Wahl... alles... alles genauso wie wir es uns ausgemalt haben, Peter!»

«Du hast ja recht», antwortete Clemens, «aber mir liegt dieser Kommissar im Magen.»

«Ach was, der tut doch nur so selbstsicher.»

Clemens blieb ernst. «In einem hast du allerdings recht. Wir zwei sind nun auf Gedeih und Verderb aufeinander angewiesen.» Valerie sah ihn prüfend von der Seite an.

«Meinst du?»

«Es war unser gemeinsamer Plan!»

«Wenn keiner von uns beiden die Nerven verliert...»

«Ach Unsinn!»

«Laß uns wegfahren, jetzt sofort!»

Valerie schaute Clemens überrascht an. «Was denn, jetzt gleich?»

«Bitte, nur für diese Nacht, das alles hier bedrückt mich viel zu sehr», sagte Clemens, und es gelang ihm, seiner Stimme einen dramatischen Klang zu geben. Er starrte auf die mit Kreide aufgezeichneten Körperumrisse des toten Norbert Plötz.

Für Bienzle war es nie ein Problem gewesen zu warten. Er gehörte zu jenen glücklichen Menschen, die in der Lage waren, das Gefühl für Zeit auszuschalten. Er wußte nicht einmal selbst, ob er träumte, ob er Gedankenspielen nachhing, oder ob er nur eine große Stille über sich kommen ließ. Unbeweglich konnte er oft stundenlang stehen und geduldig warten, bis etwas geschah. Immer vorausgesetzt, *daß* etwas passieren würde. So stand er nun auch im Garten der Bergmüllerschen Villa am Hasenberg, die Hände tief in den Hosentaschen versenkt und pfiff tonlos eine leise traurige Melodie vor sich hin.

Nicht weit vom Grundstückseingang stand ein unverdächtiger kleiner Zivilwagen. Hinter dem Steuer saß der Kriminalinspektor Haußmann. Er hörte aus dem Autoradie eine Sendung ‹Zeit für Musik›. Ein Moderator namens Fred Metzler verlas gerade das, was er ‹das kleine Kalenderblatt› nannte: Geburtstage und Todestage berühmter Männer und Frauen aus allen Jahrhunderten, ehe er wieder Musik spielte. Haußmann liebte die Musik besonders wegen der Auswahl der Platten, die Metzler traf. Es waren ausnahmslos Titel, die er selbst gerne mochte. Anders als Bienzle ging dem jungen Inspektor das Warten an die Nieren. Da war er dankbar, wenn der Rundfunk etwas brachte, was ihn einigermaßen entspannte. Über vieles ärgerte er sich auch nur. Aber auch das half ja, die Zeit totzuschlagen.

Während er an diese Zeiten des Polizistendaseins dachte, an die ewige nutzlose Warterei, an nicht endenwollende Observationen, an das Schreiben belangloser Berichte, an das Suchen nach kleinsten Details im Archiv, an die oft nutzlosen nächtelangen Verhöre, in denen die Delinquenten den Beamten in allen Belangen überlegen waren – wenn er an all dies dachte, fragte er sich manchmal, warum er ausgerechnet diese Laufbahn gewählt hatte. Aber dann waren da auch immer wieder die kleinen Erfolge, oder auch die wenigen spannenden Situationen, in denen man Tätern auf der Spur war, sie durch eigene Ideen in die Falle lockte oder durch eine geschickte Frage aufs Glatteis führte – in solchen Situationen hätte er den Beruf des Kriminalbeamten gegen keinen anderen eingetauscht. Seine Bewunderung für den Kriminalhauptkommissar Bienzle war nahezu grenzenlos, wenngleich er auch seit Jahren nun schon versuchte, das Geheimnis von dessen Erfolgen aufzuspüren, ohne daß es ihm gelungen wäre.

Das Warten schien sich wieder einmal gelohnt zu haben. Bienzle tauchte in dem Moment aus seiner selbstgewählten Lethargie auf, als das Licht über der Haustür der Bergmüllerschen Villa aufflammte. Sein Körper straffte sich. Seine Augen zogen das Bild klar. Unter der Haustür erschienen Hand in Hand Clemens und Valerie. Sie sahen sich sichernd nach links und rechts um. Bienzle wußte, daß man ihn im Schatten der großen Kastanie, hinter der er Schutz gesucht hatte, nicht entdecken würde, zumal die Abenddämmerung schon langsam in die Nacht überging. Clemens und Valerie gingen zu Clemens' Wagen und stiegen ein. Bienzle eilte zu Haußmanns Auto und erhaschte noch einen Blick auf Clemens, der sich in diesem Augenblick seines Autotelefons bediente.

«Du mußt das verstehen», sagte Peter Clemens zu seiner Frau am Autotelefon. «Ich kann Valerie in dieser Situation nicht alleine lassen.»

«Kann ich irgendwie helfen?» klang Ursulas Stimme aus dem Telefon.

«Nein, du weißt ja, Valerie und du … nee, du, ich mach das schon. Ich bring sie weg von hier. Das ist alles viel zu schrecklich für sie.» Ursulas Stimme bekam nun einen schärferen Klang. «Hör mal, Peter!» Aber Peter ließ seine Frau nicht weiterkommen. «Ich fahr sie zu unserem Häuschen am See, geb ihr ein paar Beruhigungstabletten, und dann melde ich mich wieder.» Er grinste selbstzufrieden, während Valerie seinen Haaransatz im Nacken kraulte. Clemens legte auf. Valerie küßte ihn aufs Ohr und sagte mit verführerischer Stimme: «Was bist du doch für ein wunderbarer Schweinehund!»

Dreißig Meter hinter der großen Limousine, die Peter Clemens steuerte, fuhren Bienzle und Haußmann. Bienzle sagte gerade: «Wieviel verdienen Sie!»
«Zweitausendvierhundert netto», sagte Haußmann.
Bienzle nickte ein paarmal. «Sehen Sie, einer wie Sie würde nie auf so eine Idee kommen.»
«Was denn für eine Idee?»
«Den Geliebten vom eigenen Mann erschießen zu lassen, also in Ihrem Fall wär's ja eine Geliebte, net wahr, aber lassen wir's mal dabei … also: den Geliebten vom eigenen Mann erschießen zu lassen, damit sie beide los ist, um sich einen dritten zu angeln!»
Haußmann schaute für einen Augenblick verblüfft zu seinem Chef herüber. «Ich fürchte, ich versteh das nicht.»
«Sag ich doch – fahret Se nicht so dicht drauf! Er darf auf keinen Fall merken, daß wir ihm folgen.»

Kurz nach neun Uhr abends erreichte Clemens' Wagen ein schmuckes Wochenendhaus am Rande eines kleinen Sees. Bevor Valerie und er ausstiegen, fielen sie sich noch mal in die Arme und küßten sich lange und intensiv. Dann stiegen sie aus und eilten auf das Haus zu.
Haußmanns Wagen stand unter einer Baumgruppe. Als die Tür zu dem Blockhaus ins Schloß fiel, fragte er: «Und jetzt?» Bienzle lehnte sich weit in die Polster zurück und streckte so gut es ging die Beine von sich. «Jetzt warten wir!»
Das Wochenendhaus war gemütlich eingerichtet. Durch einen Windfang kam man in einen Vorraum, der mit dunkelroten Platten ausgelegt war. Von da aus ging es in das Wohnzimmer, dessen Wände holz-

vertäfelt waren. Ein gemütlicher Kachelofen hockte in der Ecke. Die Holzbank, die um ihn herumlief, setzte sich an der Wand fort. Davor stand ein schwerer Eichentisch, in der Ecke gegenüber dem Kachelofen befand sich zusätzlich ein offener Kamin. Dort zündete Clemens jetzt ein Feuer an. Valerie hatte sich in den bequemsten Sessel geworfen und die Beine unter den Po gezogen. Sie sah Clemens bei der Arbeit zu. «Wir brauchen natürlich schnell einen neuen Mann für Text und Konzeption», rief sie zu ihm hinüber. Clemens drehte sich, noch in der Hocke, zu ihr um und sagte: «Wie ich dich kenne, hast du schon einen im Auge!»

«Du Ekel!»

«Eine vorausblickende Unternehmerin setzt doch nicht einen Mitarbeiter frei, ohne Ersatz zu haben.»

Valerie merkte, daß dies kein Spaß mehr war. Ihre Augen verengten sich. «Sag mal, was ist denn mit dir? Hast du es nicht etwa auch für eine gute Idee gehalten...?»

Clemens war inzwischen aufgestanden und zu ihr herübergekommen. Er küßte sie auf die Nasenspitze und unterbrach sie: «Eine wunderbare Idee! Man müßte sie patentieren lassen. Ehrlich! Die ist nämlich immer wieder verwendbar!»

Valerie dachte über diesen Satz den ganzen Abend nach. Sie aßen gemütlich, tranken eine Flasche Côtes du Rhône, öffneten eine zweite, entkleideten sich Stück für Stück, verlegten den Ort ihrer Initiative auf das weiche Fell, das vor dem Kamin lag. Der Wein, die Wärme, die körperliche Ruhe des anderen ließen sie rasch vergessen, was an diesem Tag geschehen war. Ein Unrechtsbewußtsein hatten beide nicht – zumindest nicht in diesem Moment.

Sie waren dann ins Bett umgezogen, hatten lange und intensiv miteinander geschlafen, jetzt saß Valerie so im Bett, wie Norbert am Nachmittag bei ihr zu Hause, mit untergeschlagenen Beinen und splitternackt. Clemens kam, ein Handtuch um sich geschlungen, herein. Er trug ein Tablett mit Getränken. Für Valerie war es wie ein Déjà-vu-Erlebnis. Leise sagte sie: «Das Bett als Zentrum des Lebens.» Doch als Clemens den Satz weiterführte – «... und des Sterbens», schauerte sie zusammen. «Nimmst du den Whisky mit Eis?»

fragte Clemens. Draußen hörte man das Knirschen von langsam ausrollenden Autoreifen auf Kies. Beide hoben den Kopf. Clemens ging zum Fenster, schob den Vorhang ein wenig zur Seite und lugte hinaus. Einen Augenblick hörte man nur das Knistern der brennenden Scheite im Kamin. Dann Schritte. Valerie stieß hervor: «Peter, ich hab Angst!» Im gleichen Augenblick sprang die Tür auf. Auf der Schwelle stand Ursula, Peter Clemens Frau, mit einem Jagdgewehr. Daß sie damit umgehen konnte, sah man daran, wie sie jetzt repetierte. Clemens sah seine Frau mit gespieltem Erstaunen an. «Ursula, sag mal, was soll denn das?»

Ursula Clemens beachtete ihren Mann nicht. Sie ging auf Valerie zu und hob die Waffe. «Das überrascht dich, was? – Oh, ich weiß schon lange, daß ihr beide es miteinander treibt. Dich hab ich nie falsch eingeschätzt. Immer hast du gedacht, dir gehört alles. Du brauchst es dir nur zu nehmen. Immer hast du dir alles genommen. Aber diesmal... – diesmal mache ich dir einen Strich durch die Rechnung. Diesmal kriegst du's nicht!»

Ein aufmerksamer Beobachter, der bei diesem Monolog Peter Clemens' Gesicht studiert hätte, hätte wahrnehmen können, daß er mit dem Verlauf durchaus zufrieden war. Aber dann erstarrte er plötzlich. Seine Frau Ursula wiederholte: «Diesmal kriegst du es nicht» und wendete sich ganz langsam ihrem Mann zu. Sie hob die Waffe und drückte ab. Peter Clemens brach in die Knie. Seine Frau hatte gut getroffen. Er konnte nur noch ein paar wenige Worte hervorstoßen.

«Aber... aber das ist doch... das ist doch ganz falsch... du hättest doch sie... du hättest doch Valerie...!» Er hörte schon nicht mehr, wie Valerie hysterisch auflachte.

Ursula ließ die Waffe fallen und stand paralysiert mitten im Raum. Valerie stand auf und ging in ihrer ganzen Schönheit sehr aufrecht und völlig nackt durchs Zimmer. Sie nahm einen Bademantel vom Haken und schlüpfte hinein. Dabei ließ sie Ursula nicht aus den Augen. «Du hast wieder mal *nichts* begriffen, Ursula, gar nichts. Als ich Peter vorgeschlagen habe, dich anzurufen, und dich wissen zu lassen, wo wir sind, habe ich damit gerechnet, daß du dich genau so verhalten würdest.» Und dann fuhr sie fort, indem sie mit Ursula wie mit einem Kind redete. «Was wirst du denn nun der Polizei erzählen. Von deiner dummen, dummen Rache? Du hast wirklich nicht viel begriffen. Trotzdem! Ich dank dir schön!»

In diesem Augenblick war Bienzle über die Schwelle getreten. Leise sagte er: «Bravo!» Er sah Valerie lange an, und wer ihn gut kannte, hätte in Bienzles Blick erkennen können, daß er nicht ohne Bewunderung war.

Kurz vor dem Essen

Der Großeinsatz war seit Wochen vorbereitet gewesen. Jetzt lauerten gut 380 Polizisten überall in der Stadt, strategisch günstig verteilt, Anwärter, Inspektoren, Kommissare in Zivil, merklich um Unauffälligkeit bemüht, auf die mutmaßlichen Täter. Ihre uniformierten Kollegen fieberten, versteckt in zivilen Autos, eingepfercht in Mannschaftswagen oder auf kleinen Polizeiwachen, dem Einsatz entgegen.

Ernst Bienzle, Hauptkommissar und am Einsatz nicht beteiligt, saß im Hof von Paolos Trattoria, die Beine weit von sich gestreckt, die Daumen in den Hosenbund gehakt, vor sich einen sardischen Weißwein und eine Platte mit angedünstetem Gemüse, das eindringlich nach Knoblauch roch.

Am Nachbartisch wurde diskutiert: «Der muß doch hirnrissig sein, daß er jedesmal genau gleich vorgeht», sagte ein junger Mann. Ein anderer meinte: «Einer allein schafft das nie – da wartet ein zweiter Mann vor der Bank im Auto mit laufendem Motor...»

«Man hat aber nie ein Fluchtfahrzeug gesehen.» Paolo brachte eine neue Karaffe Wein und blinzelte Bienzle verschwörerisch zu. «Lauter Kollegen von dir. Stammtischpolizisten! Bei uns in Sardinien wär jeder Mann auf der Seite der Bankräuber.»

«Aber du bischt hier in Heslach. Übrigens, wenn's knallt, zieh's G'nick ein, 's wär schad um dein Charakterkopf», sagte Bienzle.

«Aber der Bankräuber hat noch nie scharf geschossen.»

«Ja – der nicht...», Bienzle nippte an seinem Glas. Modus operandi nannte man das in der Fachsprache, wenn der Täter immer nach dem gleichen Prinzip vorging. Sechsmal hatte er nun schon zugeschlagen. Sechs Filialen der größten Bank am Ort hatte er dabei heimgesucht. Meistens kurz vor Geschäftsschluß. Jedesmal war nur noch ein Kunde dagewesen. Den hatte er dann als Geisel genommen. Er verlangte das Geld, das in der Tageskasse war, ließ es in eine Plastiktüte füllen, schoß drei oder vier Tränengaspatronen ziellos in den Raum und ging ohne Eile wieder hinaus.

Bienzle interessierte sich schon lange für den Mann. Glaubte man allen Zeugen, dann war er zwischen 1,60 und 1,95 Meter groß, hager, untersetzt, bullig, elegant. Er sprach mit schwäbischem, italienischem und jugoslawischem Akzent, zog ein Bein nach und bewegte sich sportlich, ohne jegliche Behinderung. Nur in einem waren sich alle Zeugen und Ermittler einig: Nach Verlassen der Bankfilialen hatte sich der Räuber jeweils in Luft aufgelöst.

Ernst Bienzle hatte sich die Akten ausgeliehen und alles gelesen, was über das «Phantom», wie der Mann bereits in der Presse genannt wurde, bisher ermittelt worden war. Fest stand lediglich, daß er die Bankfilialen jeweils am letzten Donnerstag des Monats kurz vor 18 Uhr überfallen hatte. Bienzle hatte die Filialen nacheinander aufgesucht – nicht offiziell, nicht als Polizist, vielmehr als Kunde oder nur so als Passant.

Ihm war etwas aufgefallen, was offensichtlich keiner seiner Kollegen registriert hatte. Und deshalb saß er jetzt bei Paolo, was im übrigen nichts Außergewöhnliches war. Er war oft hier am Bihlplatz, überzeugt davon, daß bei Paolo die nettesten Menschen von Stuttgart verkehrten, und wohl wissend, wie subjektiv dieses Urteil war.

Insgesamt hatte der Bankräuber bei seinen sechs «Einsätzen» 324 000 Mark erbeutet. Eigentlich gab es für ihn keinen Grund, es ein siebtes Mal zu versuchen. Er mußte ja auch wissen, daß heute – am letzten Donnerstag im Juni, kurz vor 18 Uhr – alle Filialen der größten Stuttgarter Bank von starken Polizeikräften überwacht wurden.

«Wenn er bei seinem System bleibt», sagte der Junge am Nachbartisch, «müßte er heut' wieder zuschlagen.»

«Also ich hätt' die Nerven nicht», meinte der andere.

«Man könnt' grad meinen, er legt's drauf an, daß ihn die Polizei erwischt.»

«Na ja, ›give a man a chance‹, wird er wohl denken!»

Bienzle mußte unwillkürlich lächeln. An einem anderen Nachbartisch, dicht bei der Treppe, die zum Lokal hinaufführte, saß ein junger Mann alleine. Er las in einem Buch und machte sich Notizen. Zwischendurch sah er immer wieder auf die Uhr, als ob er jemanden erwarte.

Zuerst hatte der Bankräuber in Kaltental zugeschlagen, direkt an der Kaltentaler Abfahrt, wo es über einen steilen Stich zur Engelboldt-straße hinaufgeht. Dann in Degerloch an der Felix-Dahn-Straße, dann beim Bad Berg. Bienzle hatte die Filialen alle abgeklappert, und zwar immer donnerstags kurz vor Kassenschluß, und war dann anschließend gleich in der Nähe essen gegangen. Ermittlungen hatten ihn schon immer hungrig gemacht.

Auch eine Reihe nicht betroffener Filialen hatte er donnerstags zwischen fünf und sechs Uhr besucht, und auch dort fand sich zu seinem Glück meistens in der Nähe ein Lokal.

Der junge Mann an der Treppe stand auf und trat an Bienzles Tisch. «Könnten Sie einen Augenblick auf meine Sachen aufpassen?» Bienzle hob den Kopf und sah dem jungen Mann ins Gesicht. Es war schmal und schlecht rasiert. Auf den Backen blühten Pickel. Bienzle schätzte ihn auf zwanzig, höchstens zweiundzwanzig. Er trug Jeans und ein T-Shirt mit der Aufschrift «University of Columbia».

«Gern», sagte Bienzle, «bei mir sind Ihre Sachen gut aufg'hobe.»

«Hab ich mir denkt. Sie sehet so aus», sagte der Junge und verließ den Hof der Trattoria. Bienzle sah auf die Uhr. Es war fünf Minuten vor sechs.

Der Kommissar stand auf und machte ein paar Schritte auf die Straße hinaus, so daß er zu der kleinen Bankfiliale hinüberschauen konnte.

Vor der Tür zur Bank kramte der Junge etwas aus der Tasche, was wie eine Plastiktüte aussah. Bienzle zog die Luft durch die Zähne. Paolo trat neben ihn. «Wonach schaust du denn?»

«Hoffentlich dreht er um!» sagte Bienzle. Der junge Mann stieß die Glastür auf und verschwand in der Bank. Paolo begriff plötzlich. «Sag mal, und du läßt den da so einfach reingehen?»

«Er macht's immer nur, wenn bloß noch ein Kunde im Schalterraum ist. Scheint's sind no mehr Leut da – außer meiner Kollegin», sagte Bienzle. «Und du, was machst du dabei?»

«I steh' da und wart!»

Der Junge kam ohne Anzeichen von Hast aus der Bankfiliale heraus. Er wurstelte die zusammengeknüllte Plastiktüte in die Hosentasche.

«Sehr vernünftig», sagte Bienzle. Dann wandte er sich an Paolo: «Kennst du den Mann?» Paolo antwortete ausweichend: «Er kommt noch nicht so lange zu mir.» Bienzle nickte.

Der Mann kam über den Bihlplatz zurück. Sie hatten das Plätzle in den letzten Jahren «verkehrsberuhigt», wie das in der Amtssprache hieß. Kugellampen, mit dem Lineal gezogene Rabatten und Pflasterfelder machten aber noch lange keine Piazza draus.

Bienzle setzte sich an den Tisch neben der Treppe. Der junge Mann betrat den Hof. «I hab denkt, i setz mich da her...», sagte Bienzle. Der Junge ließ sich auf seinen Stuhl fallen.

«War nix!» sagte Bienzle.

«Bitte?»

«Sind Se froh», sagte der Kommissar noch mal. «Die hättet womöglich glei g'schosse, die zwei Beamte, die direkt nach Ihne nei sind, plump, dackelhaft ond dilettantisch. Die sind heut' schneller mit der Dienstwaffe bei der Hand als früher.»

«Aber...»

«Habet Sie schon gesse?» fragte Bienzle.

«Nein, aber...»

«Gell, Sie esset au emmer erscht nachem G'schäft. So einfach ischt des! Jede Bankfiliale, die Sie überfallen haben, liegt keine fünfzig Schritt von einer Kneipe entfernt. Es sind lauter belebte Kneipen. Und jedesmal habet Sie's g'macht wie heut', sind aufg'schtande, als ob Se bloß gschwind was aus em Auto hole wollet oder so. Dann sind Se über d'Straß gange, rein in die Filiale, Maske übern Kopf, Plastiktasche aus em Hosensack, Gaspistole aus dem anderen. Fünf Minuten später habet Sie sich scho wieder hing'hockt und ihr Esse b'schtellt.»

Im gleichen Augenblick brachte Paolo eine Portion Lasagne. Bienzle lachte. «Ach so, Sie bestellet z'erscht, dann gehet Se rüber, holet das Geld und bis Sie z'rückkommet, isch's Esse fertig. Also aus Ihne hätt' was werde könne!»

«Wie sind Sie bloß draufgekommen, daß ich heut' hier...?»

«Des war net schwer. Nirgendwo sonst gibt's a Lokal so nah bei einer Bankfiliale – die andere habet Sie ja scho... wie sagt mr... – heimgesucht!»

Der Alarm war längst abgeblasen, alle Posten zurückgezogen, und im Polizeipräsidium herrschte eine gewisse Ratlosigkeit, als Bienzle mit dem jungen Mann auf der Wache an der Karl-Kloß-Straße erschien.

Er hatte nicht einmal Handschellen gebraucht.

Leibwache

Bienzle schlief schlecht, und er wußte auch warum. Schuld war dieser vermaledeite Auftrag. Hatte man dafür zweieinhalb Jahrzehnte mit leidlichem Erfolg Polizeikarriere gemacht? Der Erste Hauptkommissar im Landeskriminalamt, Ernst Bienzle, fühlte sich mißbraucht.

Und dann war da immer wieder dieser Traum: Der schwere Revolver aus drei Meter Entfernung auf die Brust des Staatsgastes gerichtet, das aufblitzende Mündungsfeuer, der Schrei, der schwere Fall des Politikers, und Bienzle stand daneben wie gelähmt, bis sich die Erstarrung in einem unwiderstehlichen Lachanfall löste. Er sah sich selber neben der Leiche stehen, ringsum entsetzte Gesichter, und er selber, er, der für die Sicherheit des ausländischen Gastes verantwortlich gewesen war, lachte, lachte, lachte!

Bienzle sprach mit niemandem darüber. Seinen Kollegen fiel nur auf, daß er zunehmend unfreundlicher und gereizter wurde, je näher der Ankunftstag des Politikers rückte.

Er kam aus einem afrikanischen Land, hieß Milton Jerry Okule und ließ sich mit Generalissimus anreden. An die Macht war er erst gekommen, nachdem er seinen Bruder, einen liberalen, modernen Demokraten, beseitigt hatte. Nun regierte Okule mit harter Hand. Seine Gegner lebten gefährlich. Es war ein offenes Geheimnis, daß der Generalissimus Reichtümer anhäufte, während die Menschen in seinem Land über immer höhere Steuerlasten stöhnten.

Hierzulande sollte er gleichwohl in allen Ehren und mit der gebührenden Aufmerksamkeit empfangen werden; denn sein Land lieferte die wichtigsten Rohstoffe für die heimische Industrie und die Verträge, die man miteinander hatte, waren ausgesprochen günstig für Baden-Württemberg. Nun ging es um die Verlängerung dieser Verträge und um noch mehr Industrieaufträge für die florierende heimische Wirtschaft. Der Ministerpräsident nannte es ein Geben und Nehmen, das beiden Seiten nur Vorteile bringe.

Okule schien es genauso zu sehen.

Bienzle konnte pedantisch sein. Seitdem ihn der Ministerialdirektor ins Innenministerium gerufen hatte, um ihm persönlich den Auftrag zu geben, bereitete er sich penibel auf seine Aufgabe vor. Alle nur denkbaren Gefährdungen spielte er mit seinen Leuten durch. Mißgelaunt hetzte er sie in immer neue Übungen. Er selbst absolvierte auf der Polizeischießbahn über 3000 Schüsse, bis er wieder traf wie in seinen besten Zeiten. Er ließ seine alten Fähigkeiten in der waffenlosen Selbstverteidigung auffrischen und studierte alle Analysen und Veröffentlichungen über das Verhalten von Terroristen. Er las Psychogramme überführter Attentäter, aber er besorgte sich aus den Bibliotheken und Zeitungsarchiven auch alles, was über Milton Jerry Okule veröffentlicht worden war. Bald schon verblüffte er den Polizeipräsidenten und den Ministerialdirektor mit seinen detaillierten Kenntnissen. «Man muß schließlich wissen, mit wem man's zu tun hat!» sagte er auf eine entsprechende Frage des hohen Ministerialbeamten. «Und, was halten Sie von ihm?»

«Wollen Sie das wirklich wissen?»

«Hätte ich sonst gefragt?»

«Der Kerle g'hört ens Gfängnis und zwar lebenslänglich», schnaubte der Kommissar.

Der Ministerialdirektor sah ihn mit hochgezogenen Augenbrauen an. «Da frag ich mich doch, ob Sie der richtige Mann für den Personenschutz sind!»

«Wahrscheinlich nicht», antwortete Bienzle schlecht gelaunt, «aber mei Idee war's net!»

Der Ministerialdirektor hatte seitdem ein wachsames Auge auf Bienzles Vorbereitungen, mußte aber konstatieren, daß sich der Kommissar mit geradezu leidenschaftlicher Akribie auf den ungeliebten Job vorbereitete.

Milton Jerry Okule landete mit einer Maschine seiner eigenen Fluggesellschaft an einem Dienstag Nachmittag um 14.30 Uhr auf dem Flugplatz Stuttgart-Echterdingen. Bienzle stand in seinem besten Anzug am Fuße der Gangway dicht neben dem Ministerpräsidenten, der leise, wie zu sich selber sagte: «Es gibt Leute, die sieht man au lieber gehe als komme!»

Bienzle nickte und sagte aus tiefstem Herzen: «Ganz genauso seh ich des au!» Der Ministerpräsident hob den Kopf und sah zu dem Polizeibeamten auf – Bienzle war gut zwei Köpfe größer –, der ihm bislang noch nicht aufgefallen war. Ihre Blicke begegneten sich für einen Moment. Bienzle sagte: «Man muß aufpasse, daß so oiner oin net in d'Hand beißt, wenn man ihn füttert!»

Der Ministerpräsident kniff hinter den spiegelnden Brillengläsern ein Auge zu und lächelte ein wenig mit seinem viel zu schmalen Mund. «I denk, Sie sind bei der Polizei?!»

«Deshalb muß i au net dümmer sei als andere», brummte Bienzle.

Da erschien bereits Milton Jerry Okule. Er trug die Landestracht – einen langen Burnus, der mit den Farben des Regenbogens gewebt worden war und dem athletischen, hoch gewachsenen Mann ausnehmend gut stand. Ein wenig störten die vielen Orden auf seiner linken Brustseite. Auf dem Kopf trug er eine Art Fes in den gleichen Farben wie sein Burnus. Okule blieb in der Tür des Jets stehen und winkte mit einer majestätischen Geste, bis die Blitzlichter der Kameras immer seltener wurden. Dann schritt er, gefolgt von seiner Gattin und seinem Hofstaat, die Treppe herunter.

Der Ministerpräsident machte ein Schrittchen nach vorne. Bienzle schaute sich unauffällig um und trat dicht hinter den Regierungschef, um dessen Körper abzudecken. Okule schüttelte dem Ministerpräsidenten so lange die Hand, wie die Kameras klickten und wendete sich dann Bienzle zu. Plötzlich hatte der Kommissar die Pranke des Diktators in seiner rechten Hand. «I am only a policeman», sagte er schnell in seinem besten schlechten Englisch. «Oh, then you are very important!» antwortete Okule, der offensichtlich kein Haar besser englisch sprach. Er ließ Bienzles Hand los und klopfte ihm jovial auf die Schulter. Bienzle sah in ein offenes, rundes, freundliches Gesicht. Er wehrte sich dagegen, diesen Mann als sympathisch zu empfinden. Er war schließlich lange genug in seinem Beruf, um zu wissen, daß Mörder nicht wie Mörder aussehen. Warum sollten dann Diktatoren wie Diktatoren aussehen. Bienzle nahm sich vor, auf der Hut zu sein.

Das Programm war anstrengend. Bienzle wich nicht von der Seite Okules. Während des Festbanketts stand er in einem schmalen

Durchlaß zwischen Küche und Festsaal. Als Okule zur Toilette ging, postierte er sich vor der Tür. Den Schlaf des Diktators ließ er von je vier Beamten bewachen, die alle zwei Stunden abgelöst wurden. Mit verkniffenem Gesicht schritt er anderntags hinter Okule, als der die Königstraße in Stuttgart hinunterbummelte. Uniformierte Beamte drängten Demonstranten in Seitengassen und Ladenpassagen. Transparente nannten den Staatsgast einen Menschenschlächter, Unterdrücker oder auch nur schlicht Verbrecher – Verbrecher *fing* Bienzle sonst, heute hatte er einen von ihnen zu bewachen. Unwillkürlich faßte er nach der Walther PK in seinem Schulterhalfter. Er hätte sie nur zu ziehen brauchen. Es wäre fast ein aufgesetzter Schuß geworden – vielleicht hätte ein ganzes Volk aufgeatmet. Bienzle zog die Hand wieder heraus. Im gleichen Augenblick wendete ihm Okule sein Gesicht zu. Strahlend lächelte der Generalissimus ihn an: «A wonderful town, my friend!» Bienzle nickte nur, fühlte sich aber doch irgendwie geschmeichelt. Aus den Augenwinkeln sah er, wie ein paar uniformierte Beamte einige Demonstranten verhafteten. Sie gingen nicht gerade sanft mit den jungen Leuten um. Auch Okule registrierte es und sagte wieder zu Bienzle. «You make a good job!» Bienzle sah zur Seite. Er schämte sich.

Am Abend gab Okule ein Bankett. Man hatte Grund zu feiern, der neue Vertrag war unter Dach und Fach, eine Kooperationsvereinbarung unterschriftsreif. Okule hielt eine Rede, in der er das Land zwischen Frankenwald und Bodensee und seine Menschen vollmundig lobte.

Der Ministerpräsident antwortete. Geschickt verwies er darauf, daß es möglicherweise an der relativen Freiheit hierzulande liege, wenn die Menschen Okule so besonders gut gefallen hätten. Niemals dürfe man über den Fragen der Wirtschaft die Fragen der Menschenrechte vergessen. Bienzle ließ den Generalissimus während dieser Passage nicht aus den Augen. Er hatte nicht gewußt, daß auch dunkelhäutige Menschen bleich werden konnten. Okules Gesicht verfärbte sich in einen hellen Olivton. Seine Augen funkelten böse, seine Lippen wurden zu einem schmalen Strich. Nach der Rede des Ministerpräsidenten stand Okule unvermittelt auf und stürmte aus dem Saal. Bienzle hatte Mühe, Schritt zu halten. Er verstand nicht, was der Staatschef von sich gab, aber der war trotzdem nicht mißzuverstehen. Was Okule sagte, war böse, unkontrolliert und voller Haß.

Bienzle stand an der Tür zum Speisesaal und behielt den Diktator im Auge. Der raste mit geschmeidigen, katzenhaften langen Schritten im Foyer des Neuen Schlosses auf und ab. Er drohte mit der Faust, und sein Vorrat an Schmähwörtern schien unerschöpflich zu sein. Einmal kam er direkt auf Bienzle zu – den Kopf weit vorgeschoben, die Arme angewinkelt, die Hände zu Fäusten geballt, wie ein Boxer, der zum Generalangriff übergeht. Bienzle sagte: «Jetzt komm, mach koine Faxe, Kerle!»

Okule drehte zwei Schritte vor dem Kommissar abrupt um und raste in der gleichen Haltung in die entgegengesetzte Richtung. Schließlich blieb er stehen, holte ein paarmal tief Luft, dann überzog plötzlich ein Lächeln sein Gesicht. Er drückte das Kreuz durch, ruckte in den Schultern und schritt, die Gelassenheit und Heiterkeit in Person, an Bienzle vorbei in den Speiseraum, wo er den Rest des Abends fröhlich mit der Gattin des Ministerpräsidenten verplauderte.

Als er endlich in seine Gemächer ging, faßte er die schmalen Hände des Ministerpräsidenten mit seinen beiden mächtigen Pranken und versicherte ihn ein ums anderemal seiner Freundschaft. Der Ministerpräsident schien erleichtert zu sein, als ihn Okule endlich los ließ. «Good night, my friend», sagte er leise und im Abwenden noch leiser in Bienzles Richtung: «Wenn mr solche Freund hat, braucht man keine Feind mehr!»

Bienzle fuhr nach Hause. Seine Freundin Hannelore war bei ihren Eltern in Hamburg. Er war richtig froh darüber. Sie hätte – wäre sie in Stuttgart gewesen – in vorderster Linie gegen Okule demonstriert. Die Diskussionen, die sie ihm aufgenötigt hätte, konnte er mit verteilten Rollen auch selber führen. Wenn man sich so gut kannte, wußte man genau, was der andere antworten würde. Hannelore, die über ein ausgeprägtes Gerechtigkeitsgefühl verfügte, hätte ihn gewiß nicht geschont. Aber er machte sich auch ohne sie schon Vorwürfe genug.

In der Nacht hatte er wieder diesen Traum: Er ging mit Okule durch eine Art Fabrikhalle, links und rechts ragten gewaltige Maschinen auf

– Turbinen vielleicht, er konnte es nicht genau bestimmen. Okule hatte sich bei ihm eingehängt. Da trat zwischen zwei der Maschinen ein Mann hervor. Er war klein, schmächtig und wirkte ungeheuer nervös. Bienzle machte sich von Okule los. Der schmächtige junge Mann hatte plötzlich einen schweren Revolver in der Hand. Marke Colby, konstatierte Bienzle in seinem Traum, schweres Ding mit einem gewaltigen Rückschlag. Die nächste Traumsequenz erlebte er in Zeitlupe. Er sah den Blitz in der Mündung des Revolvers, Okule griff an die Brust, sackte zusammen und streckte sich dann längelang aus. In Bienzle stieg dieser unwiderstehliche Lachreiz auf. Zuerst konnte er ihn noch unterdrücken, aber es mußte heraus, sonst würde er dran ersticken. Bienzle prustete los, lachte einen Schochen hinaus, wie die Schwaben sagen, und wurde danach minutenlang von einem immer stärker werdenden Lachanfall geschüttelt. Er war froh, als er aufwachte und der Spuk vorbei war.

Donnerstag. Letzter Besuchstag. Bienzle versammelte frühmorgens um sieben die Mannschaft um sich, die an diesem Tag für den Schutz des Staatsgastes eingeteilt war. Er berichtete kurz über die Gewohnheiten Okules und ging mit den Beamten die Tagesordnungspunkte und die Fahrtroute durch. Zuerst sollte Okule ein Transformatorenwerk besuchen, danach einen Aussiedlerhof im Remstal, schließlich stand die Besichtigung einer neuartigen Kläranlage im Schwäbischen Wald auf seinem Programm.
Bienzle traf Okule beim Frühstück. Der Staatschef kam mit ausgebreiteten Armen auf ihn zu, als ob er endlich seinen verlorenen Bruder wieder gefunden hätte. Dann streckte er die linke Hand hinter sich. Mit der rechten hielt er Bienzles Schulter umklammert. Ein Offizier legte einen Orden in Okules linke Hand, der Sekunden später schon an Bienzles Revers baumelte. Strahlend klopfte Okule mit beiden Händen auf Bienzles Oberarme. Dann überreichte er dem völlig überrumpelten Kommissar eine Urkunde.
Der Staatssekretär des Landwirtschaftsministeriums, der eigentlich der offizielle Frühstückspartner des Diktators war, sah mit verkniffenem Gesicht zu. Das würde ein Nachspiel haben, da war er sich sicher, oder sollte man es etwa durchgehen lassen, wenn sich ein kleiner Polizist derartig in den Vordergrund spielte?

Bienzle sagte: «Ich trage aus Prinzip keine Orden und Ehrenzeichen.» Der Dolmetscher schüttelte den Kopf: «Sie werden mir verzeihen, aber das übersetze ich nicht!»
Dann sprach er auf Okule ein, der das Gesagte mit heftigem Kopfnicken und einem strahlenden Lächeln in Richtung Bienzle quittierte. «Was haben Sie ihm gesagt?» wollte Bienzle von dem Dolmetscher wissen. «Ich sagte, Sie wüßten die Auszeichnung zu schätzen.» Bienzle nickte. «Richtig einschätzen kann ich sie schon!»

Der Tag zog sich in die Länge. Bienzle merkte, wie die doppelte Anspannung der letzten Tage an seinen Nerven zerrte. Da war einmal die ständige angespannte Aufmerksamkeit und zum anderen der wachsende Haß gegen diesen Mann, der ihn ganz offensichtlich ins Herz geschlossen hatte.
Das Transformatorenwerk hatte eine verblüffende Ähnlichkeit mit der Maschinenhalle aus Bienzles Traum. Deshalb bat er Okule, am Halleneingang ein paar Augenblicke zu warten, und er ließ seine Männer ausschwärmen. Sie sollten alle Seitengänge und Gassen zwischen und hinter den großen Maschinen absuchen. Okule zeigte großes Verständnis für Bienzles Maßnahmen. Die Beamten fanden nichts. Der Rundgang konnte beginnen. Bienzle ließ sich zurückfallen. Er stieg eine schmale Treppe hinauf, deren Stufen aus Gitterrosten bestanden. In etwa vier Meter Höhe erreichte er eine Art Galerie. Er befand sich nun über den blaßgrünen Maschinen, in denen geheimnisvolle Kräfte zu rumoren schienen.
Okule und sein Hofstaat befanden sich noch nahe am Eingang zu der Halle, gut dreißig Meter von ihm entfernt. Da fiel Bienzle zum erstenmal ein schmaler, nervöser junger Mann auf. Er hatte ihn sicher schon ein paarmal gesehen, ohne ihn richtig wahrzunehmen. Der junge Mann gehörte zu jenen Personen, die stets nahe bei Okule waren. Er war von den deutschen Beamten nicht überprüft worden, da sich Okule ausbedungen hatte, seine Begleitung dürfe nicht belästigt werden.
Bienzle war im Laufe seiner langen Dienstzeit zu einem guten Menschenkenner geworden. Er erfaßte die Stimmungen mancher Personen intuitiv – eine Fähigkeit, die ihn zu einem der besten Verhörbeamten gemacht hatte. Dieser junge Mann stand unter einer noch

weit größeren Nervenanspannung als er selbst. Der Kommissar zog das kleine Fernglas heraus, das er während dieses Auftrages ständig bei sich trug, setzte es an die Augen und stellte es scharf.

Der nervöse junge Mann trug eine Waffe unter seinem Jackett. Die typische Ausbeulung war deutlich zu erkennen. Nun mußte das nicht unbedingt ein Alarmsignal sein. Okule hatte seine eigenen Sicherheitskräfte um sich – getarnt als Referenten und Sekretäre. Dennoch nahm sich Bienzle vor, den jungen Mann im Auge zu behalten.

Nach der Besichtigung des Transformatorenwerkes stieg man in einen Bus, um ins Remstal zu fahren. Bienzle gelang es, den Platz neben dem nervösen jungen Mann zu ergattern. Es stellte sich heraus, daß der andere deutsch sprach. Er hatte vier Jahre lang in Köln, Konstanz und Tübingen studiert. Bienzle fragte ihn nach seiner Funktion. Er sei Wirtschaftsberater des Generalissimus und außerdem ein Neffe von ihm, sagte er. Sein Name sei übrigens auch Okule, François mit Vornamen.

«Und warum tragen Sie eine Waffe bei sich?» fragte Bienzle.

«Weil man nie weiß, ob man sie nicht braucht!» François Okule lächelte Bienzle offen an. Die Spannung schien gewichen zu sein. Doch Bienzle entging nicht, daß der junge Mann die Hände so fest ineinander verschränkt hatte, daß die Knöchel fast weiß hervortraten. «Milton Okule soll einen seiner Brüder umgebracht haben», sagte Bienzle.

«Da ist nichts bewiesen», antwortete François abweisend.

«War der Tote Ihr Vater?» fragte Bienzle direkt. François schüttelte den Kopf. «Mein anderer Onkel. Mein Vater ist Erziehungsminister.» Bienzle atmete auf. Eine Mordabsicht war diesem jungen Mann nun wohl kaum mehr zu unterstellen.

Die Besichtigung des Aussiedlerhofs ging rasch über die Bühne. Okule interessierte sich nicht sehr für Ackerbau und Viehzucht. Sein Neffe François hatte Bienzle schon im Bus erzält, daß der Generalissimus vor allem die Entwicklung seiner Hauptstadt vorantreiben wolle. Er interessiere sich kaum für die Entwicklung auf dem flachen Land. «Und warum will er dann auch noch ein Klärwerk besichtigen?» fragte Bienzle überrascht. François lachte. «Weil wir in unserer

Hauptstadt erst jetzt mit der Kanalisation begonnen haben. Sie dürfen sich das nicht so vorstellen wie hier. Schließlich kommen wir aus einem Entwicklungsland, und zwar aus einem der ärmsten.» Bienzle nickte. Er genierte sich ein bißchen, wenn er auch nicht genau wußte warum.

Die Kläranlage lag in einem idyllischen Waldtal unterhalb der Gemeinde Schöntal. Tannen umstanden das Areal. Hinter den grauen, blockförmigen Betriebsgebäuden zog sich ein dicht mit Mischwald bewachsener Hang hinauf. Der Wärter der Anlage schloß das breite, grau gestrichene Tor im Zaun auf und machte eine linkische Verbeugung, als Generalissimus Milton Jerry Okule hindurchschritt. Der Staatssekretär im Landwirtschaftsministerium begann seinen wohl einstudierten Vortrag, wurde aber von schnell näher kommenden Martinshörnern unterbrochen. Der Ministerpräsident persönlich gab sich die Ehre. Eine kleine Geste, die den ausländischen Gast an seinem Abreisetag freundlich stimmen sollte. Dem Landesvater war nicht entgangen, daß seine Bemerkung zu den Menschenrechten in Okules Land bei dem Diktator Verstimmung ausgelöst hatte, wenngleich er sie am Abend zuvor dann überspielt hatte. Okule begrüßte den Ministerpräsidenten, als ob die übel riechende Kläranlage sein Territorium wäre. Er stand auf einer kleinen Brücke zwischen zwei Klärbecken, die randvoll mit einer stinkenden Brühe gefüllt waren, die von langsam sich drehenden Rechen aufgewühlt wurde. Der Ministerpräsident hielt sich ein blütenweißes Batisttaschentuch vor die Nase. Seine Stimme klang deshalb noch nasaler als sonst, als er sagte: «Dies ist die modernste Form der Klärung und Wiederaufbereitung. Wir bekommen am Ende absolut sauberes Trinkwasser auf der einen Seite und einen hochwertigen, als Dünger verwertbaren Klärschlamm auf der anderen Seite.» Der Dolmetscher übersetzte. Bienzle stand zwei oder drei Schritte von den beiden entfernt. Routinemäßig ließ er seinen Blick über die Anwesenden gleiten. Seine Augen blieben an François Okule hängen. Er stand hinter zwei anderen engen Mitarbeitern des Diktators. Wieder registrierte Bienzle, daß auch ein schwarzhäutiger Mensch bleich werden konnte. François' Gesichtshaut hatte die gleiche Olivfarbe wie am Abend zuvor das Gesicht des Generalissimus. Die Backenmuskeln des jungen Mannes waren ständig in Bewegung, als ob er Kaugummi kaute. Dicke Schweißperlen standen auf seiner Stirn, und er hatte die rechte Hand tief unter sein Jackett geschoben. Bienzle hielt den Atem an. Blitzschnell prüfte er die Situation. Die beiden Politiker standen frei auf der Gitterbrücke zwischen den Bekken – für einen Schützen geradezu ideale Zielscheiben.

Die Hand von François glitt unter der Jacke hervor. Sie umklammerte dunkles Metall. Bienzle startete fast im gleichen Augenblick. Er rief: «Vorsicht!» Im Laufen sah er aus den Augenwinkeln, daß François die Waffe hob. Der Kommissar warf sich mit aller Wucht gegen Okule. Ein Schuß peitschte. Bienzle hörte, daß das Projektil gegen eine Metallstange schlug, dabei ein lautes, helles ‹Pinggggg› von sich gab und als Querschläger durch die Luft pfiff. Erst jetzt merkte er, daß der Staatschef über eine Stufe gestürzt war und mit dem Körper so weit über dem Geländer hing, daß er unweigerlich in die Klärbrühe gestürzt wäre, hätte Bienzle, der halb über ihm lag, nicht ein Gegengewicht gebildet. Sie waren etwa gleich schwer. Beide wogen einiges über zwei Zentner. Bienzle sah in das haßverzerrte Gesicht Okules. Der Diktator hatte den ersten Schock schon überwunden und versuchte bereits gegen Bienzles Körpergewicht wieder hochzukommen. Bienzle schob den Rist seines rechten Fußes unter die Ferse Okules, packte das Geländer, stieß sich ab und hob, während er sich aufrichtete, ruckartig seinen rechten Fuß an. Milton Jerry Okule stieß einen Schrei aus. Er rang noch einen Augenblick um sein Gleichgewicht, verlor den Kampf und stürzte, einen gurgelnden Schrei ausstoßend, in die stinkende Brühe. Bienzle spürte, wie der Lachreiz in ihm aufstieg. Es war zuerst wie ein fernes, leises Kitzeln in der Magengegend, aber es nahm bedrohlich zu. Noch hatte er sich in der Gewalt. Okules Kopf tauchte auf. Der Diktator griff nach einem Halt, bekam den Rechen zu fassen, krallte sich fest und wurde nun langsam in der Runde mitgezogen. Der Ministerpräsident brüllte: «Nun tu doch endlich einer was!» Aber seine Stimme wackelte verdächtig, als ob sich ein glucksendes Lachen eingemischt hätte. Für einen Sekundenbruchteil begegneten sich die Blicke Bienzles und des Landesvaters. Okule wurde herausgezogen. Triefend stand er auf der Brücke und verlangte, der Schütze müsse auf der Stelle standrechtlich erschossen werden. Der Ministerpräsident ersparte sich die Antwort darauf.

Als nächstes verlangte Okule den Tod aller Fotografen, die ihn in diesem unwürdigen Zustand ablichteten. Er wußte, die Fotos würden vor ihm in seinem Heimatland sein, und die Opposition würde Mittel und Wege finden, sie unters Volk zu bringen, trotz der strengen Zensur. Nichts aber war in seiner Heimat so gefährlich, wie der Lächerlichkeit preisgegeben zu sein! Schließlich verlangte er auch noch, Bienzle müsse auf der Stelle getötet werden. Bienzle sagte sehr gelassen: «Aber ich habe Ihnen das Leben gerettet. Ich an Ihrer Stelle würde lieber stinken als tot sein…» Aber die letzten Worte gingen in dem Gelächter unter, das schon seit Minuten in ihm aufstieg und nun aus ihm herausbrach.

In seiner maßlosen Wut riß Okule den Orden von Bienzles Brust und schritt dann, so viel Würde wie möglich bewahrend, zu der Nobelkarosse des Ministerpräsidenten.

Der Dienstwagen des Landesvaters wurde schon wenige Tage später relativ billig abgegeben, denn den Klärwerksgeruch bekam man nicht weg.

François Okule hatte Glück, er wurde nicht ausgeliefert. Auch Bienzle hatte Glück, er wurde nie mehr zur Bewachung eines Staatsbesuchs herangezogen.

Jeder kann's gewesen sein
oder
Mord ist Mode

Fred Colanski lehnte sich auf seinem weich nachfedernden Stuhl weit zurück. «Warum suchen wir überhaupt nach einem Slogan?» Er warf einen Stapel Papier auf den Tisch. Jedes der Blätter war mit wild hingekritzelten Zeilen übersät. «Da wringt man sein Hirn aus, und nachher sagt der Auftraggeber: ‹Die besten Modelle, die teuersten Fotografen, Bilder, daß einem der Atem stehen bleibt – und dann unser Firmenname drunter. Eine bessere Werbung gibt's nicht!›»

«Du hast ja recht», antwortete Jürgen Barz, «trotzdem: Es gehört zu den Spielregeln. Wenn er nachher kommt, will er ein paar Slogans vorgelegt bekommen.»

«Um sie ablehnen zu können!»

«Vielleicht, vielleicht auch nicht!»

«Was für ein Schwachsinn!» Colanski ging zur Kaffeemaschine und goß sich einen Becher voll, auf dem der Spruch: «Es genügt nicht, keine Gedanken zu haben, man muß auch unfähig sein, sie auszudrücken», aufgemalt war.

«Wenn uns das Wasser nicht am Hals stünde, würde ich dem Idioten die Brocken hinschmeißen!» sagte er.

«Rauschenberg? Bist du verrückt? Stell dir mal vor, er zieht den Auftrag zurück, dann kannst du morgen gleich zum Konkursrichter marschieren.»

«Sag ich doch. Wir sind abhängig von dem Arschloch.»

«Wir haben immerhin eine sechsjährige Geschäftsfreundschaft, Fred. Und es gibt Kunden genug, die noch viel schlimmer sind.»

«Kann ja sein, aber das sind nicht *unsere* Kunden.»

«Ich wollte, wir hätten ein paar davon.»

«Vielleicht haben wir uns zu sehr auf Rauschenberg konzentriert!»

Fred Colanski warf sich in einen Sessel und griff wieder nach dem Papierstapel. Fred Colanski war, ebenso wie Jürgen Barz, Fünfzig-Prozent-Teilhaber der Werbeagentur C & B. Sie waren früher einmal bei einer weltweit bekannten Agentur gewesen, Colanski als Texter, Barz als Grafik-Designer mit Foto-Ambitionen. Vor sieben Jahren hatten sie sich selbständig gemacht. Ein Großkunde, den die beiden betreut hatten, war auf die Idee gekommen, daß er weit billiger fahren könnte, wenn er die beiden, die ja ohnehin die ganze Arbeit machten, direkt beschäftigte. Für Colanski und Barz war es die große Chance, zumal der Kunde ihnen ein «Startgeld» zahlte und bei der Bank bürgte.

Colanski hatte bei der Zeitung als Reporter angefangen, dann aber den Fehler gemacht, Recherchen durch eigene Phantasien anzureichern. Man war ihm draufgekommen, als er ein sensationelles Interview mit einem Junkie ohne Gesprächspartner zusammengestrickt hatte. Es war ein faszinierender Dialog zwischen dem Journalisten und dem – fiktiven – Rauschgiftsüchtigen gewesen – nur eben ein erfundenes Zwiegespräch, eine Theaterszene unter Verwendung aller gängigen Slangausdrücke der Scene. Colanski wurde gefeuert und stellte sein unbestrittenes Talent, gute Texte zu erfinden, künftig in den Dienst der Werbung. Das Auffälligste an ihm waren seine träumerischen, braunen Augen, mit denen er sein Gegenüber nachdenklich, versonnen und stets ein wenig melancholisch ansah. Dabei hatte er meist den schlanken Kopf weit in den Nacken zurück und ein klein wenig schief gelegt. Fred Colanski haßte Sport. Er ging nur ungern an die frische Luft, weshalb sein Windhundgesicht meist grau, fahl und ein wenig eingefallen wirkte. Dieser Eindruck wurde noch verstärkt, wenn er – wie jetzt – müde und abgespannt war, und dunkle Ringe unter seinen Augen hervortraten.

Jürgen Barz war das Gegenteil: Klein, drahtig, ständig in Bewegung. Im Gegensatz zu Fred Colanski rauchte er nicht und trank auch keinen Alkohol. Er war kein genialer Grafiker und nur ein durchschnittlicher Fotograf, aber er organisierte mit einigem Geschick und arbeitete wie ein Pferd. Nichts war ihm zuviel. Jeden Wunsch eines Kunden quittierte er mit dem Satz: «Kein Problem, das machen wir so, wenn Sie es so wollen!» Jetzt saß Jürgen Barz weit vorgebeugt über seinem Layout-Block, angespannt, nervös. Sein Gesicht glich dem eines Boxers – breite Stirn, flache Nase, plattes Kinn. Er hatte helle blaue Augen, mit denen er stets den Blick seines Gegenübers einzufangen versuchte. Dabei wendete er einen Trick an, von dem er einmal irgendwo gelesen hatte: Er starrte seinen Gesprächspartnern auf die Nasenwurzel, ohne ihnen eigentlich in die Augen zu schauen. Der andere hatte dabei gleichwohl den Eindruck, Barz sitze ihm Auge in Auge gegenüber. Der Grafiker trug seine blonden Haare schulterlang, was überhaupt nicht zu seinem vierschrötigen, hellen Gesicht paßte. Mißgünstige Menschen in seiner Umgebung, zu denen immer häufiger auch Fred Colanski zählte, sagten über Barz, das beste an ihm sei seine Frau. Sie war Fotomodell gewesen, bevor Barz sie heiratete – eine überschlanke, elegante Erscheinung mit einem Schuß aufreizender Gewöhnlichkeit, die immer dann durchbrach, wenn man sie am wenigsten erwartete – bei wichtigen Geschäftsessen, die ihr Mann stets als Galadiners bezeichnete zum Beispiel, oder im Foyer der Oper. Regine Barz zog sich stets extravagant, ja gewagt an, zeigte, was sie hatte und wurde dabei vom eigenen Mann am meisten bewundert, was sie ihm dadurch lohnte, daß sie ihm bedingungslos treu, ja ergeben war.

Zu den zahllosen Verehrern Regines gehörte auch Jost Rauschenberg, der Sohn jenes Mannes, der damals die Gründung der Agentur erst möglich gemacht hatte und der heute der größte Agenturkunde war. Frau Barz kam ihm weit, wenn auch nicht zu weit entgegen und sah darin immer nur eine geschäftliche Angelegenheit.

Die große Digitaluhr an der Stirnfront des langgezogenen Großraums rückte auf 22.30 Uhr.

«Jetzt wird er ja wohl kaum noch kommen», sagte Fred Colanski.

«Natürlich kommt er noch», antwortete Barz gereizt. «Er ist in der Oper. Die Vorstellung endet gegen 22.30 Uhr. Also fällt jetzt gerade der Vorhang. Rauschenberg klatscht sicher nur so lange Beifall, wie es die Höflichkeit gegenüber den Künstlern verlangt und macht sich dann sofort auf den Weg. Das heißt, er kann in zwanzig Minuten da sein.»

«Sagtest du nicht, Regine sei auch in die Vorstellung gegangen?»

«Doch, doch. Rauschenberg bringt sie mit, und wir fahren dann gemeinsam nach Hause.» Colanski starrte auf ein Papier.

«Diese Mode muß man mögen!» las er vor.

«Mann, Mann», stöhnte Barz, «wir machen doch nicht Werbung für Kaufhausklamotten!»

«Unsere Mode macht Müde munter», las Colanski unverdrossen weiter vor.

«Jetzt hör aber auf, das ist ein glattes Plagiat!»

«Mode macht mobil!» Colanski grinste schief.

«Bei Arbeit, Sport und Spiel», äffte Barz.

«Außerdem: Hör doch endlich mit den Stabreimen auf – die sind out!»

«Woher weißt du das denn – ein Grafiker, für den Text nichts weiter ist als Graufläche?»

«Ist dir wirklich nicht mehr eingefallen?» fragte Barz ungerührt zurück.

«Mode ist mehr!» zitierte Colanski.

«Mehr als was?» bellte Barz zurück, der jetzt sichtlich nervös wurde. Colanski legte den Kopf weit zurück und sagte zur Decke hin: «Mode ist Mord!»

«Hör auf!» Barz sprang auf seine kurzen Beine und lief in dem langgezogenen Raum auf und ab, der jetzt von der reduzierten Deckenbeleuchtung nur matt erleuchtet war. Trotzdem war zu erkennen, wie elegant er eingerichtet war – weiße Wände, weiße Seidenlamellen vor den Fenstern, weiße Schreibtische. An den Wänden sparsam Kunst, aber keine Arbeiten der Agentur. Den Boden deckte ein tiefroter Teppich.

Colanski blieb unverändert sitzen. «Ich hab mal Texte für die deutschen Sparkassen gemacht – Gemeinschaftswerbung, verstehst du. Damals gaben die noch richtig großes Geld aus für die Werbung. Die besten Texter und Grafiker wurden zu einem Brainstorming zusammengezogen. Es ging um den einen, den alles überragenden, den zündenden Slogan, der mindestens drei Jahrzehnte halten sollte. Sogar der Komponist – so ein kleiner Dicker von einer Filmfirma in Geiselgasteig – war angereist, um den Geistesblitz gleich zu vertonen. Jeder versuchte, den anderen zu übertreffen. Moderiert wurde das Ganze von dem Mann, dem damals die Werbung unterstand, einem gelassenen, zur Fülle neigenden schwäbischen Gentleman, den nichts aus der Ruhe bringen konnte, außer eine Ungerechtigkeit. Tja, so was gab's damals noch, sogar in der Werbung.»

Barz trommelte mit den Fingern auf der Schreibtischplatte. «Das kannst du mir morgen auch noch erzählen.»

«Und was da nicht alles aufkam», Colanski ließ sich nicht beirren, «‹Geld macht glücklich!› zum Beispiel, oder ‹Besser fahren – sparen!› oder: ‹Wer den Pfennig nicht ehrt, macht's ganz verkehrt›. Komischerweise wollten alle Zweizeiler machen, die sich reimten. Und als einer so ganz beiläufig sagte: ‹Wenn's ums Geld geht, Sparkasse›, nahm's niemand auf. Später hat dann jeder behauptet, der Spruch sei von ihm gewesen. Nun ja, wie auch immer. Die Sitzung zog sich in die Länge. Ein Spruch löste den anderen ab, und keiner fand den Beifall der Crew. Es kommt ja dann immer so ein Punkt, wo du weißt: Jetzt geht nichts mehr. Also der Punkt, an dem wir beide auch gerade sind, weshalb es ja auch gar nichts ausmacht, wenn ich die Geschichte schnell erzähle. Also wir saßen rum, rauchten, tranken und hatten leere Köpfe. Plötzlich haute der Chef mit der Faust auf den Tisch und rief: ‹Männer, ich hab's!› Es waren zwar auch Frauen dabei, aber der Typ sagte immer ‹Männer!›, wenn mehr als einer vor ihm saßen. Also, er schrie: ‹Männer, ich hab's! Das ist der Slogen.› Dann holt er tief Luft und schmettert: ‹Arschloch – spar doch!›»

Barz verbiß sich das Schmunzeln, das in ihm aufstieg und sagte: «Kann ich nicht drüber lachen.»

«Aber das ist so was gewesen wie ‹Mode ist Mord›.»

«Dreh's um und verkauf's an eine Zeitung. ‹Mord ist Mode!› ist 'ne Headline für jedes Boulevardblatt.»

«Na, dann eben nicht. Wie wär es mit ‹Mode macht die Frau erst schön?›»

«Das gefällt mir», sagte Barz.

«Hab ich mir gedacht – das ist ein biederer Satz, und er macht nichts kaputt.»

«Ich weiß, daß Rauschenberg auf so was steht!»

«Und dann ist er auch gleich gut, nicht wahr!»

«Ja, sicher!»

«Du und dein vorauseilender Gehorsam!»

Die gläserne Tür, durch die man vom Treppenhaus in den Großraum der Agentur gelangte, wurde aufgestoßen. Ein mittelgroßer dicker Mann, dessen Smokingjacke gefährlich über dem rundlichen Bauch spannte, kam herein. «Erst gespießt, dann gehangen, dann geköpft auf eine Stangen!» sang er mit einer erstaunlich melodischen Stimme. Regine Barz folgte – groß, blond, schlank in einem tief ausgeschnittenen schulterfreien moosgrünen Kleid und Satinhandschuhen bis zu den Ellbogen in der gleichen Farbe. Sie ging rasch auf ihren Mann zu und küßte ihn auf den Mund.

«Dies Bildnis ist bezaubernd schön», sang Colanski.

«Banause», sagte Rauschenberg nicht unfreundlich. «Das ist aus der Zauberflöte, wir waren in der Entführung!» Die Tür öffnete sich noch einmal, der junge Rauschenberg kam herein. Er war Ende Zwanzig, groß, ein wenig aufgeschwemmt, hatte aber ein ebenmäßiges Gesicht mit einem zu dicken, weichen Mund. Seine Frisur, ordentlich links gescheitelt, gab ihm ein braves Aussehen. «Nun, wie weit sind die Künstler?» fragte Rauschenberg. Barz wieselte um ihn herum: «Die Sachen werden heute nacht noch fertig.»

Colanski zündete eine Zigarette an und schlürfte den Rest Kaffee aus seinem Topf. Barz breitete die Entwürfe auf dem Boden aus. Rauschenberg stieg auf einen Stuhl und von dort auf den Arbeitstisch Colanskis. Irgendwann hatte er einmal gesehen, daß man Entwürfe aus großer Distanz betrachten sollte. «Mhm, mhm», machte er. «Gibt es dazu einen Text?» «Mode macht die Frau erst schön», rief Barz eilfertig.

«Schlecht!» sagte Rauschenberg, «wenn schon, müßte es heißen: ‹Mode macht die Frau noch schöner›, denn wir von den Rauschenberg-Moden gehen davon aus, daß Frauen a priori schön sind. Wir können sie nur schmücken. Die anderen haben viel bessere Slogans vorgelegt!»

Für einen Augenblick herrschte absolute Ruhe. Es war, als ob für ein paar Sekunden die Zeit angehalten worden wäre. Barz wollte etwas sagen, räusperte sich, hüstelte und brachte erst im dritten Anlauf heraus: «Die anderen? Entschuldigen Sie, welche anderen?»

«Aber Herr Barz», Rauschenberg sprang vom Tisch herab und wäre beinahe in die Knie gebrochen. «Was würden Sie mir raten, wenn Sie mein Marketing-Chef wären?»

«Ich verstehe nicht!» Colanski stemmte sich aus seinem Sessel heraus. «Die Antwort lautet: Ich würde sagen, wenn man immer die gleiche Agentur beschäftigt, wird das alles zu routiniert, zu glatt und am Ende sogar langweilig. Für uns und für die Kunden. Das ist wie in einer Ehe oder in einer langjährigen Freundschaft. Man gewöhnt sich zu sehr aneinander, es gibt keine Highlights mehr. Etwas Neues muß passieren. Man sucht sich einen neuen Freund, eine neue Frau, eine neue Agentur!»

«Ich mach noch mal Kaffee», sagte Regine Barz und ging zu einer Küchenecke, die am Ende des Raums direkt neben der Tür zum Fotolabor eingerichtet worden war.

«Druckreif, wie immer!» lobte Rauschenberg Colanski. Der schlaksige Texter schob sein Windhundgesicht ein wenig vor und sah den dicklichen Rauschenberg mit schief gelegtem Kopf an. «Als Agenturmann würde ich antworten: Die neue Firma braucht viel Zeit, bis sie sich eingearbeitet hat. Die Modebranche hat ihre Tücken. Werden die neuen Herren sofort an die Topmodelle herankommen, werden sie die paar guten Fotografen kriegen? Was ist, wenn Elaine Floor für drei Tage aus New York nach Paris kommt und 35 Modedesigner, 40 Art-Direktoren und 60 Fotografen das Mädchen unter Vertrag nehmen wollen, weil sie nun halt mal die absolut Beste ist – das Optimale, die Frau, die Ihre Klamotten verkauft, ohne daß unsereiner noch ein Sterbenswörtchen dazu sagen muß?»

«Tja, die Garantie müßte ich natürlich verlangen», sagte Rauschenberg. «Verlangen können Sie viel, und die werden Ihnen das auch zusagen, aber können sie's halten, das ist doch die Frage. Wer sich in der Branche bewähren will, braucht Verbindungen. Und wenn die's nicht schaffen, kommen Sie dann zu uns zurück, um zu sagen, Jungs, ihr habt doch die Kontakte, beschafft mir die Elaine Floor?»

Rauschenberg war nachdenklich geworden. Regine Barz, deren makelloser Körper von dem weichen, fließenden Stoff eher enthüllt als verdeckt wurde, kam auf den jungen Rauschenberg zu und girrte: «Einen Kognak vielleicht zu Ihrem Kaffee?»

«Wenn Sie einen mittrinken», sagte Jost und folgte Regine in die Küchenecke.

«Wollen Sie uns auch loswerden?» fragte Regine und funkelte ihn aus ihren seltsam schräg überschnittenen grünen Augen an.

Jürgen Barz' Nerven waren angespannt. Innerlich vibrierte er, während er sich nach außen gelassen zu geben versuchte. Rauschenberg schien die Situation zu genießen.

«Sie sind unser größter und wichtigster Kunde!» sagte Colanski schlicht.

«Nicht nur das, ich bin der Mann, der diese Agentur gemacht hat. Mein Geld, mein Rat, meine Empfehlungen waren es, die Ihren Start überhaupt erst möglich gemacht haben. Aber jetzt sind Sie doch hoffentlich nicht mehr auf mich angewiesen.»

«Doch!» entfuhr es Barz.

«Wie?» Rauschenberg musterte den Grafiker überrascht. Colanski ließ sich wieder in seinen Sessel fallen und sah Barz ärgerlich an. «Er übertreibt», sagte er. Barz fuhr herum.

«Du solltest vielleicht auch einmal einen Blick in unsere Bilanzen werfen, statt Bukowsky zu lesen.»

«Heißt das, daß Sie in echten Schwierigkeiten sind?» fragte Rauschenberg.

«Überhaupt nicht!» sagte Colanski obenhin. Aber Barz deutete das Interesse seines wichtigsten Kunden falsch.

«Ohne Sie sind wir am Ende!»

Colanski warf einen entsetzten Blick zur Decke. Rauschenberg hatte unwillkürlich einen Schritt zurück gemacht.

«Sagen Sie das noch mal!»

Regine und der junge Rauschenberg kamen aus der Küchenecke. Barz sagte: «Wir haben im letzten Jahr drei Kunden verloren. Zwar haben wir einen neu gewonnen, aber die Präsentation war so aufwendig, daß er drei Jahre bei der Stange bleiben muß, damit wir das wieder einholen können.»

«Und Sie können sich nicht selber helfen?»

Colanski grinste. «Nur wenn einer den anderen umbringt.»

«Warum denn das?» fragte Regine spitz.

«Weil wir eine Versicherung jeweils zugunsten des anderen abgeschlossen haben. Wenn dein schöner Jürgen stirbt, krieg ich 'ne halbe Million, wenn ich das Zeitliche segne, kommt der warme Regen über euch, mein Schatz!»

«Sag nicht ‹mein Schatz› zu mir», giftete Regine, «oder ich hau dir bei Gelegenheit mal eine in die Fresse!»

«Das liebe ich an deiner Frau», sagte Colanski zu Barz, «sie kann so herrlich vulgär sein.»

Rauschenberg knetete die Hände. «Also meine Herren, unter diesen Umständen kann ich Ihnen auch gleich sagen, daß wir uns von Ihrer Agentur trennen werden.»

«Vater!» Jost Rauschenberg hatte ein blaurotes Gesicht bekommen. «Das wirst du nicht tun!»

«Aber ganz sicher werde ich das, mein Junge!»

Colanski lachte. «Wenn Sie so viel Schneid haben, Jost, wie Regine, dann verbitten Sie sich doch ein für allemal, daß Ihr alter Herr ‹mein Junge› zu Ihnen sagt.»

Jost Rauschenberg beachtete Colanski nicht.

«Ich laß es nicht zu. Du vernichtest ihre Existenz!» brüllte er.

«Ich bin Geschäftsmann», sagte Rauschenberg kühl, «und ich mache mit Bankrotteuren keine Geschäfte, vor allem dann nicht, wenn ich ihnen auf die Beine geholfen habe. Dieses Unternehmen wäre ohne weiteres erfolgreich zu führen, aber dazu braucht's mehr als ein paar Gedankenblitze und einen genialen Bleistiftstrich, mein Ju..., Jost!»

«Und die Menschen interessieren dich nicht?»

«Natürlich, aber es wäre falsch, hier noch Geld reinzustecken. Ich investiere grundsätzlich nur dort, wo sich mein Kapital aller Wahrscheinlichkeit nach vermehrt.»

Fred Colanski sah fasziniert in das Gesicht des rundlichen Unternehmers. In den letzten Minuten hatte es sich seltsam verändert, die Züge waren härter geworden, die Augen schmaler. Er hatte das Kinn ein wenig vorgestreckt und seine ganze Figur gestrafft. Jeder konnte sehen, wie entschlossen Rauschenberg war, und daß niemand ihn von seinem Entschluß abbringen konnte. Colanskis Blick wanderte zu Jürgen Barz.

«Nein», sagte Jost Rauschenberg an Stelle seines Vaters und sah dabei Regine an. «Aber natürlich», sagte der alte Rauschenberg. «Wenn es so schlimm um Sie steht, bleibt tatsächlich nur diese Lebensversicherung auf Gegenseitigkeit.» Er lachte ohne jede Fröhlichkeit.

«Da hat man nun jahrelang...» begann Jürgen Barz zu jammern, aber sein Partner fuhr ihn an. «Hör auf, hör sofort auf! Einen Rest Stolz wirst du dir doch hoffentlich noch bewahrt haben!»

«Ich investiere grundsätzlich nur dort ...

... wo sich mein Kapital aller Wahrscheinlichkeit nach vermehrt»,
stellt Rauschenberg kategorisch fest. Er ist ein erfolgreicher Geschäftsmann, nicht zuletzt auf Grund solcher Prinzipien. Keine Frage,
daß festverzinsliche Wertpapiere mit garantierter Sicherheit zu seinen Favoriten zählen.

Regine spuckte vor Colanski auf dessen Schreibtisch. Der Texter stand ohne Hast auf und schlug die Frau seines Kompagnons ins Gesicht. Jürgen Barz und Jost Rauschenberg stürzten sich fast gleichzeitig auf Colanski, der ihnen geschickt auswich. Regine Barz war einen Augenblick wie gelähmt stehengeblieben. Jetzt ging sie ein paar Schritte zurück. Jost Rauschenberg traf. Der Schlag war nicht heftig, aber weil er in der Nierengegend landete, zuckte Colanski doch unter dem plötzlich aufflammenden Schmerz zurück.

«Du feiges Schwein!» brüllte Barz, «schlägst 'ne Frau!» In diesem Augenblick ging das Licht aus. Ein Schrei zerriß Sekunden später die plötzliche Dunkelheit. «Licht!» brüllte Colanski. «Geh selber!» schrie Barz zurück.

«Wer hat grade ‹Licht› gerufen?» fragte Regine.

«Wer hat so geschrien?» rief Jost Rauschenberg. Eine Schreibtischlampe flammte auf. Die Augen mußten sich an die Helligkeit erst gewöhnen. «Mein Gott!» schrie Regine Barz, «das ist ja... furchtbar... Jürgen!... Jürgen, halt mich fest!»

«Vater!» fast tonlos kam es von den Lippen des jungen Rauschenberg. Colanski grinste, ohne daß es ihm bewußt wurde. Leise sagte er: «Mord ist Mode!» und versenkte beide Hände tief in den Hosentaschen. Am Boden lag der alte Rauschenberg. Aus seinem Rücken ragte eine Büroschere. Es floß nur wenig Blut aus der Wunde. Rauschenberg bewegte sich nicht mehr. Colanski griff nach dem Telefon. Dann warf er einen Blick auf die große Digitaluhr an der Stirnseite. Es war genau halb zwölf.

Hauptkommissar Ernst Bienzle stand breitbeinig vor der Leiche, die Hände auf dem Rücken verschränkt. Das Kinn war ihm auf die Brust gesunken. Er blinzelte und schüttelte seinen massigen Kopf. «Es hat Streit gegeben, was?» Die Umstehenden nickten.

«Wann ist es passiert?»

«Um halb zwölf», sagte Colanski.

Bienzle schaute auf seine Uhr. «Vor einer Stunde also!»

Bienzle umkreiste den Toten. Niemand sprach. Der Arzt, der schon zehn Minuten nach der Tat in der Agentur erschienen war, lehnte müde an einem Regal. «Er war sofort tot!» sagte er. Bienzle hob den Kopf. «Das hat man selten», sagte er.

«Was?» fragte der Doktor.

«Daß einer so exakt trifft. Und dann noch mit einer Schere!»

Bienzle setzte seine Runden fort und blieb dann plötzlich vor dem Doktor stehen. «Gehört viel Kraft dazu?»

«Nein, die Schere ist in den Körper gefahren, wie in But...» Er sah sich, entsetzt über seine eigenen Worte, um, murmelte eine Entschuldigung und wiederholte dann: «Nein, die Schere hat, so, wie sie geführt wurde, kaum Widerstand gefunden.»

Bienzle nickte. Er war müde. Als das Telefon geklingelt hatte, war er gerade eingeschlafen gewesen. Er hatte sich nicht die Zeit genommen, sich zu kämmen; deshalb stand sein dichtes dunkles Haar genauso wild von seinem massigen Schädel ab wie die Augenbrauen. «Kein Zweifel», sagte er, «einer von Ihnen hier muß es gewesen sein.» Er sah sie der Reihe nach an. Jürgen Barz stand an die Wand gelehnt und hatte die Augen halb geschlossen. Sein Gesicht war kreidebleich. Neben ihm saß seine Frau Regine, die sich einen Stuhl herangezogen hatte und ihren Kopf gegen die Hüfte ihres Mannes lehnte. Fred Colanski saß an seinem Schreibtisch und spielte nervös mit einem Bleistift. Jost Rauschenberg ging ruhelos auf und ab. Bienzle schaute ihm eine Weile zu und sagte dann plötzlich: «Was geht Ihnen gerade durch den Kopf, Herr Rauschenberg?»

«Wie bitte? Was sagten Sie?»

«Ich wollte wissen, worüber Sie jetzt gerade nachgedacht haben.»

«Warum?»

«Weil's mir vielleicht weiter hilft.»

«Ich sehe keine Veranlassung...»

Bienzle hob beide Hände. «Sie müssen ja nicht. Ich kann's Ihnen vielleicht auf den Kopf zusagen. Ihnen geht jetzt der Gedanke im Hirn rum: Ab morgen bin ich Chef. Rauschenberg-Moden ist ein großes Unternehmen. Da gibt's eine Menge Entscheidungen zu treffen – Entscheidungen, die sich bisher der Vater vorbehalten hat, nehm ich an.» Jost Rauschenberg nickte unwillkürlich. Bienzle wandte sich wieder dem Arzt zu. «Sie können dann gehen, Doktor.»

«Gut, ich laß die Leiche abtransportieren. Die Spurensicherung ist fertig.»

«Nein, die Leiche bleibt hier!» sagte Bienzle barsch.

«Warum?»

«Weil ich's will!»

«Also auf Ihre Verantwortung!»

«Ja, sicher, auf wessen Verantwortung denn sonst?» Der Arzt ging. Bienzle hielt den Mann von der Spurensicherung zurück. «Fingerabdrücke?»

«Negativ!»

«Zu viele, oder keine – auf der Schere meine ich», fragte Bienzle nach.

«Keine identifizierbaren, das haben wir manchmal auf glattem Metall.»

«Manchmal oder oft?»

«Eher selten.»

«Mhm!» machte Bienzle und ging mit dem Kollegen zur Tür.

«Hat jemand die Fingerabdrücke vielleicht abgewischt?»

«Kaum – verwischt sehen sie aus, aber nicht abgewischt, wenn Sie verstehen, was ich meine.» Bienzle nickte. «I bin ja schließlich no net verblödet!» Der Hauptkommissar fiel nur in seine schwäbische Mundart, wenn er mit jemandem besonders vertraulich reden wollte, oder wenn er sich über etwas ärgerte. In diesem Fall traf eigentlich beides zu. Er drehte sich um und ging auf die kleine Gruppe zu, dabei fuhr er mit den gespreizten Fingern durch seinen wilden Haarbusch.

«Können wir bald gehen?» fragte Barz.

«Kommt drauf an, wie schnell wir vorwärtskommen», sagte Bienzle ungenau.

«Heißt das, daß Sie uns jetzt alle verhören wollen?»

Colanski legte die Beine auf seinen Schreibtisch, nahm eine Schere von seinem Papierstapel und begann, seine Fingernägel damit zu reinigen.

«Das ließe sich nur vermeiden, wenn der Täter jetzt gleich ein Geständnis ablegen würde», sagte Bienzle. Alle schwiegen. Bienzle sagte: «Ich bin im Grunde kein ungeduldiger Mensch, also fangen wir mal mit den technischen Details an. Wo sind überall Lichtschalter?»

«Wir sind da bestens ausgerüstet», sagte Barz, «überall dort, wo Sie die kleinen Quader auf dem Boden sehen, ist ein Stromverteiler, und dort kann man auch das Licht an- und ausmachen.»

Bienzle ging zwei Schritte auf eines der Kästchen zu. Er drückte mit der Spitze seines Schuhs gegen einen kleinen Kippschalter. Das Licht erlosch.

«Das hilft uns also nicht weiter», sagte der Kommissar.

«Wissen Sie noch, wo jeder gestanden ist, als das Licht ausging?» Er knipste das Licht wieder an. «Wir waren eher in Bewegung», sagte Colanski mit schief geneigtem Kopf.

«Es hatte eine handgreifliche Auseinandersetzung gegeben. Ich war mit Frau Barz aneinandergeraten, und da haben sich gleich zwei Ritter gefunden, um ihre Ehre zu verteidigen, ihr Ehemann natürlich und Herr Rauschenberg junior.»

Bienzle sah den Texter unverwandt an. «Sie machen wohl die Texte hier?»

«Stimmt. Wie kommen Sie darauf?»

«Sie reden so wohlformuliert. Also, was ist passiert?»

«Ich habe Regine, ich meine Frau Barz, eine gelangt.»

«Auch nicht die feine englische Art!»

«Sie hatte mir auf den Schreibtisch gespuckt.» Bienzle sah überrascht zu der Frau hinüber, die unwillkürlich mit ihrer behandschuhten Hand über ihren Mund fuhr.

«In die Eier hätt' ich ihn treten sollen!» sagte Frau Barz.

Bienzle legte die Stirn in Falten und schluckte, ehe er sagte: «Das läßt sich ja vielleicht noch nachholen!» Dann stieg er über den leblosen Körper des alten Herrn Rauschenberg und bat Colanski zu sich. «Stellen Sie sich bitte mal da hin, wo Herr Rauschenberg gestanden hat, bevor es passierte.» Colanski stand mit leisem Ächzen auf und nahm den Platz Rauschenbergs ein. «Hier, zwischen der Wand und meinem Schreibtisch stand er.»

«Und Sie?»

«Ich hatte an meinem Schreibtisch gesessen und war nur aufgestanden, um Regine eine zu kleben, dann wollte ich mich eigentlich wieder hinsetzen, aber da griff mich Jürgen von links an, Rauschenberg..., also der junge, nicht wahr?..., kam von der anderen Seite.»

«Wo war Frau Barz?»

«Da, direkt vor meinem Schreibtisch.»

«Dann hätten Rauschenberg und Barz aber um Sie herumgehen müssen.»

«Sie ist irgendwie zurückgewichen!»

«Stimmt das?» fragte Bienzle die junge Frau.

«Ich hätt' ja sonst noch mehr Keile bekommen.» Bienzle nickte. «Erzählen Sie weiter», sagte er zu Colanski, «hört sich ganz plastisch an, Ihr Bericht!»

«Hab ich bei der Zeitung gelernt», sagte Colanski nicht ohne Stolz.

«Bis man ihn geschaßt hat, weil er nicht recherchiert, sondern phantasiert hat», giftete Regine Barz.

«Also», sagte Bienzle zu Colanski, «die beiden griffen von beiden Seiten an. Was machten Sie?»

«Ich wich aus.»

«Wohin?» fragte Bienzle scharf.

«Hinter meinen Schreibtisch!»

«Und dann?»

«Barz lief ins Leere. Rauschenberg zunächst auch, aber er erwischte mich dann doch noch mit einem Nierenhaken.»

«Schmerzhaft, was?»

«Der Schlag war nicht heftig.»

«Weil Sie ausgewichen sind, oder hat Rauschenberg nicht stark genug zugeschlagen?»

«Mehr bringt er vermutlich sowieso nicht.»

Bienzle nickte, als ob dies eine wichtige Erklärung gewesen wäre.

«Wie lange wollen Sie den armen Herrn Rauschenberg hier eigentlich noch liegen lassen?» fragte Regine Barz.

«Hab ich doch schon gsagt! Ist es für Sie sehr schlimm?»

«Ich muß immer hinschauen. Es ist furchtbar!»

«Tja, gell!» sagte Bienzle und zündete sich ein Zigarillo an.

«Könnt ich vielleicht einen Kaffee haben?»

Colanski stand auf. «Ich glaube, es steht noch einer auf der Maschine.» Bienzle stapfte selber hinüber zu der Küchenecke und goß sich ein. «Wer hat Kognak getrunken?» fragte er über die Schulter.

«Ich, warum?» fragte Rauschenberg zurück.

«Nur so!» Bienzle kehrte langsam zurück. «Hatten Sie Krach mit Ihrem Vater, Herr Rauschenberg?»

«Wie kommen Sie darauf?»

«Ja Herrgott nochamal, jetzt antworten Se halt net jedesmal mit einer Gegenfrage!»

«Ja, ich hatte eine Auseinandersetzung.»

«Warum?»

«Weil er die Agentur gekündigt hat.»

«Was, heut nacht?»

«Ja!»

«Und warum jetzt auch das?»

«Er wollte eben wechseln!» sagte Colanski.

«Lassen Sie ruhig Herrn Rauschenberg reden, wenn ich ihn ansprech», sagte Bienzle.

«Herr Colanski hat recht. Mein Vater war der Meinung, die Agentur habe sich festgefahren!» Bienzle schaute auf die Entwürfe, die zum Teil noch auf dem Boden lagen und zum Teil auf verschiedenen Schreibtischen ausgebreitet waren.

«Das ist doch aber gar nicht schlecht!»

«Sehen Sie!» rief Barz, der plötzlich wieder etwas Farbe ins Gesicht bekam. Bienzle hob den Kopf vor und sah den jungen Rauschenberg scharf an. «Sie waren also dagegen, daß Ihr Vater den Vertrag mit... wie heißt der Laden...?»

«C & B», sagte Barz.

«... mit C & B kündigt, das heißt, Sie werden künftig weiter mit dieser Agentur arbeiten.»

«Ja, sicher!»

«Vorausgesetzt, daß nicht einer der Eigner wegen Mordes für ein paar Jahre in den Knast einfährt», sagte Bienzle mit einem hintergründigen Lächeln.

«Wie geht's denn der Firma so?»

«Gut, ganz gut!» sagte Barz obenhin. Bienzle hatte freilich ein Ohr für falsche Töne. Wortlos ging er zum Telefon. Er kniff einen Moment die Augen zu und massierte die Nasenwurzel mit Daumen und Zeigefinger der linken Hand. Dann wählte er eine sechsstellige Nummer und wartete eine Weile.

«Hier Bienzle», sagte er schließlich, «und bitte fang jetzt net an zu schimpfen, Frieder, sag mir, wie's um die Werbeagentur C & B steht, und dann darfscht du auch scho wieder z'rück in dei Bett – ganz im Unterschied zu mir!»

Er wandte sich den anderen zu, deckte die Sprechmuschel des Telefonhörers ab und sagte in verschwörerischem Ton: «Ein Freund von mir,

hat auch eine große Agentur und gilt als unheimlich gut informiert.»
Dann hörte er gespannt zu, sagte schließlich «Danke, gutnacht!» und
legte auf.

«Wenn der, der lügt, auch gemordet hätt', könnt' ich Sie jetzt festneh-
men, Herr Barz. Ich hab gerade die Auskunft bekommen, daß Sie von
dem Auftrag der Rauschenberg-Moden absolut abhängig sind. Der
Besitzer...», er deutete auf den Toten, «... wollte kündigen. Sein
Sohn, das wußten Sie, wollte weitermachen, schon weil er Ihre Frau
so verehrt...»
«Wer sagt denn das?» fiel ihm Regine Barz ins Wort.
«Das seh ich, Frau Barz, außerdem: Hätt' er sich sonst für Sie geschlagen, wo er doch ansonsten gar nicht der Typ für so was ist?»
Regine Barz biß sich auf die Unterlippe und schwieg.
«Also», nahm Bienzle den Faden wieder auf, «Herr Rauschenberg
junior war bereit, weiterzumachen mit Ihnen. Überleben konnten Sie
nur, wenn der Alte – entschuldigen Sie den saloppen Ausdruck – weg
war. Also, wenn das kein Motiv ist.»
Alle schwiegen, bis Barz sagte: «Ich war's nicht. Ich kann's auch nicht
gewesen sein, denn ich war da, neben dem Schreibtisch von Fred Colanski.» Bienzle nickte.
«Das ist es ja gerade. Keiner von ihnen scheint sich überlegt zu haben,
wie Herr Rauschenberg gefallen ist. Seine Füße sind ein wenig unter
die vordere Kante des Schreibtisches von Colanski gerutscht. Sie,
Herr Colanski, sagten aber, er sei etwa in der Mitte zwischen Schreibtisch und Wand gestanden. Drei Meter weiter hinten. Was schließen
wir daraus?» Bienzle hob schulmeisterlich den rechten Zeigefinger.
«Nun?»
Colanski sagte: «Er muß ein paar Schritte auf mich zugemacht haben,
vielleicht wollte er auch auf mich los...»
«Oder dazwischen gehen», meinte Bienzle, «er wußte ja, daß sein
Sohn als Schläger..., wie soll ich sagen, ... eher Durchschnitt war.
Vermutlich hat der alte Rauschenberg, ein entschlossener, tatkräfti-
ger Mann, ein Leben lang seinen Sohn aus Situationen gezogen, die
der nicht selber bewältigen konnte. Oder, sagen wir genauer, die er
hätte bewältigen können, wenn der Vater ihn gelassen hätte.»
«Nicht schlecht!» sagte Colanski. Bienzle deutete ironisch eine Ver-

beugung an. «Also, Herr Rauschenberg befürchtete, sein Sohn könnte in Schwierigkeiten kommen. Er machte ein paar Schritte nach vorne, um ihm zu helfen. Da ging das Licht aus. Ich kenn' die Situation: Auch wenn's zuvor nicht besonders hell war, sind wir erst mal wie blind, sobald eine Lampe ausgeht.»

Bienzle nahm jetzt den Platz ein, auf den zuvor Colanski gezeigt hatte und rekonstruierte Rauschenbergs Verhalten. Er mußte dabei erneut über die Leiche steigen.

«Wann hörten Sie den Schrei?» fragte Bienzle Frau Barz.

«Gleich, ich meine sofort.»

«Sofort als das Licht ausging, meinen Sie?»

«Ja, natürlich.»

«Na ja, ein paar Sekunden sind schon vergangen», sagte Colanski.

«Genug, um zum Beispiel hinter Ihrem Schreibtisch vorzukommen und Herrn Rauschenberg die Schere in den Rücken zu stoßen?» fragte Bienzle. Colanski hob die Schultern. «Ich denke schon. Nur, ich konnte ja nicht wissen, daß er nach vorne gelaufen war. Wenn ich ihn hätte umbringen wollen, wäre ich ja dorthin gerannt, wo er gestanden hatte, ehe das Licht ausging.» Bienzle nickte. «Wo genau standen Sie, Herr Colanski?»

«Tja, ich bin nach rechts ausgewichen, um Barz zu entgehen und dabei praktisch in die Faust von Rauschenberg gelaufen. Ich hab mich dann weggedreht und bin... Moment, da ging ja das Licht aus. Ja, ich bin einen Schritt vor.»

«Sie sind also zwischen dem jungen Herrn Rauschenberg und dem Schreibtisch nach vorne gegangen. Da müssen Sie doch fast mit dem alten Rauschenberg zusammengestoßen sein.»

«Was weiß ich.» Bienzle ließ seltsamerweise von Colanski ab und sagte zu Barz: «Wissen Sie, wo die Schere, die als Mordwaffe benutzt wurde, lag?»

«Keine Ahnung», sagte Barz.

«Das macht die Sache auch nicht einfacher», brummte Bienzle, «obwohl ich schon ein gutes Stück weiter bin.»

Er richtete sich ein wenig auf, wippte auf den Zehen und sagte: «Dürfte ich Sie alle bitten, noch mal ihre Plätze einzunehmen, die Sie innehatten, ehe die Tat geschah!» ‹Mein Gott, red ich gestelzt, sobald mehr als einer gemeint ist›, fuhr es ihm durch den Kopf.

Regine Barz warf ihre blonden Locken in den Nacken und sah ihn herausfordernd an. «Ich verlange, daß der Tote endlich weggebracht wird.»

«Macht es Sie wirklich so nervös?»

«Das ist einfach mehr, als man einer Frau zumuten kann!» sagte Jost Rauschenberg. Bienzle sah ihn an und schob die Unterlippe vor.

«Ach wissen Sie, manche Frau ist ja stärker als mancher Mann. Machen Sie sich einmal keine unnötigen Sorgen.»

«Ich halte es nicht mehr aus!» Regine Barz' Stimme bekam einen hysterischen Klang.

«Also bitte, wollen Sie Ihre alten Plätze einnehmen?» rief Bienzle ungerührt. «Je schneller Sie das tun, um so eher können wir fertig sein. Am schnellsten ginge es natürlich noch immer, wenn der Täter sagen würde, daß er es war.»

Wortlos bewegten sich die vier Verdächtigen. Es sah aus wie ein Marionettenspiel; denn – sei es wegen ihrer Müdigkeit, sei es wegen der besonderen Situation – alle gingen seltsam steif und langsam. Regine Barz trat dicht an der Wand neben einen Schreibtisch, der etwa drei Meter von Colanskis Tisch seitlich versetzt und im rechten Winkel dazu aufgestellt war. Barz trat dicht an Colanskis Tisch heran und blieb an dessen linker vorderer Seite stehen. Rauschenberg plazierte sich ein wenig unschlüssig ungefähr in der Mitte zwischen Colanskis Schreibtisch und Regine Barz. Colanski selbst rechts neben seinem Schreibtisch.

Bienzle nahm den Platz ein, den der alte Rauschenberg innegehabt hatte. Er rekapitulierte: «Sie, Frau Barz, hatten also gerade auf Colanskis Tisch gespuckt, er war aufgestanden, um den Tisch herumgegangen und hatte Ihnen eine Ohrfeige gegeben. Sie sind daraufhin zurückgewichen, bis zu dem Tisch, an dem Sie jetzt stehen, dann wollte Colanski wieder zurück hinter seinen Schreibtisch, wurde aber von beiden Seiten angegriffen. Warum stehen Sie an der Ecke des Schreibtisches?» fragte er Jürgen Barz überfallartig.

«Weil ich vorne rum wollte und Colanski stellen, aber da wich er nach hinten aus, ich wollte hintenrum, aber da hatte er gerade von Jost Rauschenberg eine einstecken müssen und machte wieder einen Schritt nach vorne. Ich ging also auch wieder zur Vorderseite und wollte ihn mir da schnappen.»

Bienzle sagte: «Und da ging das Licht aus!»

Er trat mit dem Schuh gegen den Kippschalter an dem kastenförmigen Elektroverteiler am Boden. Einen Augenblick lang herrschte Schweigen. Dann hörte man Schritte. Ein leises Klirren. Bienzle trat gegen einen Schalter, aber die Lampen leuchteten nicht länger auf als ein Blitzlicht. Irgendwer mußte sofort wieder ausgeschaltet haben und zwar im Bruchteil einer Sekunde. Das Spiel wiederholte sich noch zweimal. Dann flammte das Licht endlich wieder auf. Bienzle war rot vor Zorn. «Welcher Allmachtsprachtsdackel war des?» schrie er. Niemand antwortete. Eine ganze Zeitlang sagte Bienzle nichts. Er stand an dem Platz, den der alte Rauschenberg kurz vor seinem Tod eingenommen hatte, und atmete schwer. Auch von den anderen redete keiner.

Schließlich nahm der Kommissar wieder das Wort: «Jeder hatte ein Motiv. Sie, Herr Rauschenberg, sind von Ihrem Vater unterdrückt worden und wollten endlich, endlich aus seinem Schatten heraus. Die beiden Firmeninhaber wollten sich und ihr Unternehmen vor dem Ruin bewahren, und für Frau Barz gilt sinngemäß das gleiche.» Er schaute auf die Uhr und stellte fest, daß es fast zwei Uhr war. «Ich komm dahinter, und wenn wir hier bis zum helle Tag z'amme hocket. Und ich krieg's auch raus, wenn alles ganz anders war.»

«Was meinen Sie damit?» fragte Colanski.

«Nun, zum Beispiel Sie, Herr Colanski, haben Frau Barz schwer beleidigt...»

«Und umgekehrt!»

«Zugegeben. Trotzdem, eine Frau erträgt es nur schwer, geschlagen zu werden, und das auch noch vor anderen Leuten. Und – wenn ich das mal gerade nebenbei bemerken kann – das ist ja auch eine Granatensauerei. Sie haben's getan und haben damit den Haß der Dame herausgefordert. Es hat schon weniger starke Motive für einen Mord im Affekt gegeben.»

«Sie meinen, Frau Barz könnte es auf mich abgesehen gehabt haben?»

«Ja, Frau Barz, oder ihr Mann, oder Herr Rauschenberg, weil die zwei Herren ja ganz offensichtlich für diese Frau eine Menge auf sich nehmen würden. Auf jeden Fall: Wer da im Dunkeln zugestochen hat, mußte eigentlich annehmen, daß er Sie trifft, Herr Colanski. Offensichtlich hat ja keiner gewußt, daß der alte Rauschenberg nach vorne gegangen ist. So, wie die Dinge liegen, muß ich davon ausgehen, daß nicht Rauschenberg umgebracht werden sollte, sondern Sie, Herr Colanski.»

«Das ist doch Unsinn. Ich werde doch nicht meinen Geschäftspartner umbringen», sagte Barz.

«Auch da gibt's Beispiele genug. In Düsseldorf neulich hat einer seinen Kompagnon kaltblütig ermordet, weil die zwei eine Lebensversicherung abgeschlossen hatten, in der jeweils der eine den anderen begünstigte. Das ist heute nichts Ungewöhnliches mehr, habe ich mir sagen lassen.»

Die Stille, die nach diesen beiläufig hingesagten Worten eintrat, war fast körperlich zu spüren. Bienzle sah einen nach dem anderen an. Und jeder sah zu Boden, auch Jürgen Barz, der doch diesen feinen Trick hatte, seinem Gegenüber auf die Nasenwurzel zu starren.

«Also, so ist das!» sagte Bienzle. «Wie hoch ist die Versicherung?»
Keiner antwortete.

«Herr Colanski?»

«Fünfhunderttausend!»

«Würde das reichen?»

«Fürs erste schon!»

«Da sind wir wieder, wo wir waren. Jeder kann's gewesen sein. Vielleicht wollten ja auch Sie, Herr Colanski, Jürgen Barz umbringen, um den Laden alleine zu übernehmen. So, wie ich Sie einschätze, halten Sie sich sowieso immer für den Besseren.» Fred Colanski schüttelte den Kopf. «Ich halte mich nicht für den Besseren, ich *bin* der Bessere!»

«Was ich sag!» Bienzle stapfte auf und ab. Die anderen standen nach wie vor wie angewachsen auf den Plätzen, die er sie einzunehmen gebeten hatte.

«Die Schere... die Schere!» sagte Bienzle. «Die Schere ist der Schlüssel. Sagen Sie, haben Sie vorhin auch das Klirren gehört? Bitte, Herr Colanski, nehmen Sie Ihre Schere und legen Sie sie mal auf den Tisch – so wie man das tut, wenn man in Eile ist. Rasch, hastig, aber nicht zu heftig.»

Colanski suchte auf seinem mit Papier überhäuften Tisch herum. Eine Schere war nicht zu finden. «Sie haben doch eine!» sagte Bienzle.

«Oder sie steckt im Rücken von Herrn Rauschenberg», sagte Barz giftig. «Daß ich da nicht gleich draufgekommen bin. Natürlich! Der, dessen Schere fehlt, ist der Mörder!»

Bienzle schüttelte den Kopf. «Ich hab Herrn Colanski vorhin beobachtet, wie er sich die Fingernägel gereinigt hat. Er hat die Schere von dem Papierstapel dort weggenommen. Es wirkte wie eine natürliche Sache, sicher so eine Art Übersprungshandlung, die typisch für ihn ist.»

«Stimmt», sagte Colanski, «ich lege dann die Füße auf den Tisch und fange an, meine Fingernägel zu putzen, obwohl sie in aller Regel sauber sind.» Er suchte weiter und schüttelte den Kopf. «Sie ist nicht da!»

«Ich denke, dann steht der Täter fest!» sagte Bienzle.

«Colanski?» fragte Barz. «War's Fred Colanski?»

Bienzle schüttelte den Kopf. «Sie können die Plätze jetzt verlassen, ich denke, wir sollten in die Sitzecke hinübergehen.»

Ratlos sahen sich die vier an, während Bienzle zur Tür stapfte und nach zwei Beamten rief, die draußen warteten. «Der Tote kann jetzt abtransportiert werden!»

Kurz darauf kamen zwei Männer mit einem Blechsarg, der auf zwei Holmen getragen wurde. Sie verrichteten ihre Arbeit still, routiniert und schnell. Als sie weggegangen waren, sah man nur noch die mit Kreide eingezeichneten Körperumrisse des Toten. Aber diese Kontur wirkte beinahe noch realer als die Leiche Rauschenbergs zuvor.

Bienzle zündete sich ein Zigarillo an, paffte ein paar Wolken in den Raum und sah ihnen nach, wie sie zerflossen. Dann stapfte er langsam zu der kleinen Sitzgruppe hinüber. Regine Barz hatte sich dicht neben ihrem Mann auf die Couch gesetzt und kuschelte sich an ihn. Es störte sie nicht, daß ihr Rock dabei weit über die Schenkel hinaufgeglitten war. Sie trug Strümpfe, die an Strapsen festgemacht waren. Das kleine Stück Haut zwischen Strumpfsaum und Kleid wirkte auf Bienzle irritierender als ein ganzer Sexfilm. Auch Rauschenberg konnte den Blick von diesem kleinen Ausschnitt kaum lösen. Er saß aufrecht in einem schwarzen Ledersessel und hatte die Hände flach zwischen die eng zusammengepreßten Knie gesteckt, als ob er verhindern müßte, daß man sie zittern sah. Nur Colanski lümmelte sich entspannt in seinem Sessel und rauchte ohne jede Hektik. Bienzle setzte sich nicht, sondern stellte sich in den Durchgang zu der Sitzgruppe, der von zwei halbhohen weißen Regalen markiert wurde. Sein Blick sah die vier Verdächtigen nacheinander an, kehrte dann zu dem kleinen Stück Haut an Regine Barz' Schenkel zurück. Der Kommissar sagte: «Schade eigentlich. Sie werden eine ganze Zeit lang einfachere Kleider tragen müssen, Frau Barz!»

Während Regine Barz kaum eine Regung zeigte und den Kommissar nur anstarrte, ohne daß auch nur ein Lid oder eine Wimper zuckte, fuhr Jürgen Barz auf. «Was soll der Unsinn?»
Bienzle sah ihm ins Gesicht. «Tut mir leid. Wahrscheinlich hat sie nur das Beste gewollt. Und ich bin sicher, daß sie nicht Herrn Rauschenberg töten wollte.» Der Blick von Regine Barz hatte sich an den Lippen des Kommissars festgesogen, zwischen denen in Abständen noch immer kleine Rauchwolken hervortraten. «Beweisen Sie's», sagte Barz.
«Die Schere! Die Schere ist der Schlüssel. Sie alle haben gehört, daß vorhin eine Schere auf einen Tisch gelegt wurde, als das Licht aus war. Die Schere liegt dort drüben auf dem Schreibtisch, an dem Frau Barz kurz vor dem Mord gestanden hat. Nun könnte man sagen, ein böser Mensch hat vielleicht die Schere von Colanskis Tisch genommen und schnell hinübergetragen, um Frau Barz hereinzulegen. Aber ich stand in der Mitte. Herr Barz hätte an mir vorbei gemußt, Herr Colanski sowieso, nur Herr Rauschenberg nicht. Aber er hatte als einziger keinen so fest fixierten Platz. Wie hätte er dann in der Dunkelheit genau auf den Punkt zurückkehren sollen, an dem er zuvor gestanden hatte.»
«Na ja, Sie hätten sich diesen Platz auch nicht so genau merken können», sagte Colanski.
«Doch», sagte Bienzle, «Herr Rauschenberg stand nur einen Meter von dem Stromverteiler entfernt, außerdem befand er sich von mir aus gesehen genau in einer Linie mit einer Säule. Eigentlich kann auch nur Herr Rauschenberg derjenige gewesen sein, der das Licht immer wieder gelöscht hat, sobald ich's anmachte.» Bienzle räusperte sich. «Er wußte Bescheid und wollte Ihnen, Frau Barz, helfen.»

«Aber wenn ich auf dieses Indiz angewiesen wäre, könnte ich bei jedem Staatsanwalt wieder einpacken. Immerhin aber gibt es ein starkes Motiv. – Und ich habe noch ein Indiz: Die Schere weist keine nutzbaren Fingerabdrücke auf. Mein Kollege von der Spurensicherung sagte, es habe zwar Abdrücke gegeben, aber sie seien verwischt. Ich hab extra nachgefragt: abgewischt oder verwischt. Er sagte verwischt. Der einzige Mensch hier, der Handschuhe trägt, ist Frau Barz. Und nun stellen Sie sich einmal vor, Sie umfassen eine Schere, nehmen sie in die Faust und stechen mit ihrer ganzen Kraft zu, sobald sie den Körper vor sich spüren. Die Hand rutschte unwillkürlich ein Stück ab, vor allem, wenn sie in glatten Satinhandschuhen steckt. Daß es diese Handschuhe waren, die mit der Schere in Berührung gekommen sind, werden wir im Labor beweisen. Es gibt an der Mordwaffe genug kleine Unebenheiten, Ecken und Kanten, um mikroskopisch kleine Fasern abzureißen.»

Es war still geworden in dem großen Raum. Bienzle atmete ein paarmal hörbar aus und ein, ehe er fragte: «Wer war denn nun gemeint, Frau Barz?»

«Bestimmt nicht Herr Rauschenberg!» sagte sie.

«Also Colanski!»

«Ja. Wir wären alle Sorgen los gewesen. Jürgen hat unter seiner Arroganz gelitten, ich habe ihn schon immer nicht leiden können, und als mir das mit der Versicherung so richtig klar wurde...»

«Bitte nicht», sagte Bienzle, «ich muß Ihnen nämlich sagen, daß ich Sie festnehme. Und alles, was Sie ab jetzt sagen, kann gegen Sie verwendet werden. Ein Anwalt muß Ihnen raten, was Sie wie aussagen. Ich wollte nur wissen, ob Sie es waren.» Er machte eine bedeutungsvolle Pause.

«Ob es ein kaltblütiger Mord war, oder ein Mord im Affekt, sollte das Gericht entscheiden.» Er versuchte, ihr ein wenig zuzulächeln. «Das Strafmaß fällt im zweiten Fall ungleich milder aus.»

Während der Hauptkommissar zur Tür ging und nach den Beamten rief, die Frau Barz abführen sollten, nahm Jürgen Barz seine Frau fest in die Arme. «Wir nehmen den besten Anwalt, den es gibt.» Zum erstenmal verlor sie die Fassung. Sie begann zu weinen. «Und wie sollen wir den bezahlen?»

«Das lassen Sie mal meine Sorge sein», sagte der junge Rauschenberg. Colanski wollte etwas sagen, aber Rauschenberg herrschte ihn an. «Mit Ihnen will ich ab heute nichts mehr zu tun haben!» Colanski erhob sich, warf die Arme in die Luft, drehte sich um sich selber und sagte: «Das hab ich nun davon, daß ich absolut unschuldig bin!» «Wie man's nimmt», meinte Bienzle, der in diesem Augenblick mit zwei Beamten zurückkam.

Nabelstiche

Als das Telefon auf dem Nachttischchen neben seinem Bett klingelte, reagierte Ernst Bienzle verstört. Er griff nicht gleich nach dem Hörer, sondern richtete sich steil auf, warf einen Blick auf das leere Nachbarbett, schwang die Beine über die Bettkante und starrte den Telefonapparat böse an. Ohne daß er mitgezählt hätte, wußte er genau, daß die Klingel sechsmal geläutet hatte, als er endlich abnahm. Das erste, was er hörte, war ein unterdrücktes Schluchzen, das er in einer anderen Stimmung vielleicht eher für ein Lachen gehalten hätte.

«Bist du es, Barbara?» fragte Bienzle.

«Walter ist tot!» sagte die Frauenstimme am Telefon plötzlich sehr ruhig.

Bienzle sah auf die Uhr. Es war kurz nach Mitternacht.

«Ich komme!»

«Nein», sagte die Frau hastig, «das ist nicht nötig. Sag mir nur, was ich tun soll.»

«Was du tun sollst?»

«Ja, du hast doch Erfahrung, und außerdem...» Sie ließ den Satz in der Luft hängen.

«Wie ist er gestorben?»

«Wie er... Was meinst du damit?»

Bienzle schwieg. Er wartete.

«Er fiel um und war tot», sagte sie, nun fast trotzig.

«Wann war das?»

«Vor zehn Minuten.»

«War er da denn noch auf?»

«Ja, der Onkel hatte angerufen und wollte ein Glas Milch. Ich sag noch, ‹ich geh›, aber da war Walter schon aufgestanden und in die Küche gegangen. Ich hab dir doch erzählt, daß der Onkel in der Nacht oft ein paarmal ruft. Ich muß ihm dann heiße Milch machen, oder Walter macht...» Sie begann wieder zu schluchzen.

Bienzle hatte sich erhoben und den Schlafanzug ausgezogen. Jetzt stieg er in die Unterhose, was ihm schwerfiel, weil er sich nur mit einer Hand helfen konnte, während die andere den Hörer hielt.

«Wenn ich ihm die Milch bringe, verlangt er meistens, daß ich ihm auch noch einen Psalm vorlese, das heißt, in letzter Zeit hat das ja meistens Walter...»

«Ja, ja, das hast du mir erzählt.» Bienzle fuhr mit dem linken Arm in einen Hemdsärmel und wechselte den Hörer von der rechten in die linke Hand. «Dein Onkel ist über achtzig, nicht wahr.»

«Aber jetzt ist Walter tot», sagte Barbara.

«Tut mir leid», sagte Bienzle nicht sehr überzeugend. Ihr tut es wahrscheinlich nicht leid, dachte er, während er versuchte, die Hemdknöpfe zu schließen. Barbaras Mann war gut 25 Jahre älter als sie, und er schien ein Haustyrann zu sein – gewesen zu sein. Und wenn sie ihn nicht belogen hatte, wetteiferte er darin sogar mit dem Onkel – hatte gewetteifert.

«Also, was soll ich tun?» fragte Barbara.

«Ruf den Notarzt!»

«Aber er ist doch schon tot.»

«Barbara, hast du Medizin studiert, oder was...?»

«Also gut, wenn du es sagst...» Sie begann zu weinen.

Bienzle runzelte die Stirn, wollte noch etwas sagen, legte aber schnell auf.

Erleichtert darüber, daß er beide Hände frei hatte, zog er sich schnell an und verließ das schäbige Hotel, in dem er seit einer Woche wohnte. Den Ort Mauren hatte er vorher nur von der Karte gekannt, und das auch nur, weil Barbara seinerzeit nach Mauren gezogen war. Ihr Onkel besaß hier eine Werkzeugmaschinenfabrik, die von einem angejahrten, aber gut aussehenden Prokuristen namens Walter Aigner geleitet wurde. Ihn hatte Barbara vor acht Jahren geheiratet.

Bienzle fröstelte in der Nachtluft. Er zog die Jacke dichter um die Schultern und schlug den Kragen hoch. Er haßte fremde Städte, reiste nur, wenn es gar nicht anders ging, und fühlte sich in fremden Umgebungen verloren. Vielleicht war das auch der Grund gewesen, daß er schon am zweiten Tag nach seiner Ankunft Barbara angerufen hatte, obwohl ihn die Vorstellung, einen Abend in ihrer Familie zu verbringen, eigentlich abstieß.

Doch Barbara hatte ihn wie selbstverständlich gebeten, sie zum Essen ins Hotel einzuladen. Mit keinem Wort hatte sie am Telefon ihren Mann oder ihren Onkel erwähnt. Als er anbot, sie abzuholen, wehrte sie fast erschrocken ab. «Ich finde den Weg gut allein.»

Er hätte auch den Weg zu ihrem Haus gut gefunden; denn während seiner Ermittlungsarbeiten hatte er schon am ersten Tag die wenigen Straßen des kleinen Städtchens durchforscht und war auch an dem kleinen, gelb gestrichenen Haus vorbeigekommen, dessen Adresse er dem Telefonbuch entnommen hatte. Es hockte weit hinten in einem parkähnlichen Garten.

Als sie sich dann beim Essen gegenübersaßen, stellte sich schnell die alte Vertrautheit zwischen ihnen ein. Sie hatten rasch zwei Flaschen Kaiserstühler Tuniberg Weißherbst getrunken. Barbara hatte immer häufiger nach seiner Hand gegriffen, wenn sie etwas erzählte. Und so war er nicht einmal verwundert, als sie plötzlich sagte: «Eigentlich könnte ich doch noch mit auf dein Zimmer.» Verwundert war er nur über den Klang ihrer Stimme.

«Das klingt, als bräuchtest du einen Komplizen.»

«Und wenn es so wäre?»

Er sah sie an. Genauer als zuvor. Sie hatte noch das gleiche wirre, rote Haar wie damals vor dreizehn Jahren. Ihr Gesicht war noch immer unnatürlich hell, aber man hätte es nicht bleich nennen können. Ihre Brüste waren jetzt voll und breit; früher waren sie klein und spitz gewesen. Damals hatte sie auch einen flachen, harten Bauch gehabt, jetzt wölbte er sich weich, spannte den Rock und zog ihn weit über die Knie hinauf.

«Du willst mich nicht?» fragte sie.

Bienzle sah sie an und spürte, wie sehr es ihn danach verlangte, sie anzufassen.

Barbara versuchte einen Scherz: «Alte Liebe rostet doch nicht! Oder doch?»

Er lächelte. Die Erinnerung war es ja gerade, die ihn so erregte. Auch er versuchte es mit einem Scherz.

«Darf ich meinen Wein noch austrinken?»

Bienzle ging jetzt an der Kirche vorbei. In den vielfach gebrochenen Glasscheiben spiegelte sich unscharf der Mond. Einen Augenblick blieb Bienzle stehen, um sich zu orientieren, dann ging er langsam weiter.

Der Kellner war gekommen. Er hatte wissen wollen, ob die Herrschaften noch einen Wunsch hätten. Zu Barbara sagte er:

«Wird Ihr Mann noch vorbeischauen?»

Bienzle fühlte sich unbehaglich.

Barbara bestellte noch ein Glas Wein.

«Was ist eigentlich mit deinem Mann?» fragte Bienzle, «warum konnte ich nicht bei euch zu Hause vorbeikommen?» Barbara hatte gelacht. An dieses Lachen erinnerte er sich, als sie jetzt am Telefon gewesen war, es war ihrem Schluchzen zum Verwechseln ähnlich.

«Es wäre nicht gegangen. Walter ist auf seine alten Tage ziemlich wunderlich geworden. Er hat eine Art Verfolgungswahn. Ich lasse schon seit längerer Zeit niemand mehr ins Haus. Wenn wir ausgehen, merkt man ihm nichts an, aber daheim... Unser Haus ist völlig verwüstet.»

«Verwüstet?» Bienzle nahm ihr Glas und trank einen kräftigen Schluck.

«Ja», plötzlich redete sie heftig und fast atemlos. «Seit vier Jahren sammelt er alles, was ihm unter die Finger kommt – Zeitungen, Zigarettenschachteln, Joghurtbecher, Brot...»

«Brot?»

«Ja, er schickt mich Tag für Tag in die Bäckerei – er selbst verläßt ja das Haus kaum mehr –, ich muß vier Kilo Brot kaufen. Jeden Tag!»

«Aber das kann doch kein Mensch...»

«Er hortet es, wie seine Zigarettenschachteln und die Zeitungen, und wenn ich einmal sage, ‹wir haben doch genug Brot im Haus›, unterstellt er mir, ich wolle ihn verhungern lassen. Und dann schreit er mich an: ‹Bevor es soweit kommt, bringe ich mich selber um!›»

«Aber das ist ein Krankheitszustand», sagte Bienzle.

«Meinst du, das weiß ich nicht? Niemand weiß das besser als ich.»

«Na also», sagte Bienzle, als ob der Fall damit für ihn abgeschlossen wäre.

«Was, na also?»

«Laß ihn entmündigen.»

«Das geht nicht.»

«Du bist seine Frau.»

«Ich bin aber auch die Nichte meines Onkels. Er würde mich am gleichen Tag enterben. Walter hat es verstanden, ihn völlig für sich einzunehmen. Stundenlang hocken die beieinander. Und ich bin ihr Gesprächsthema. Walter hat meinen Onkel längst mit seinen Verdächtigungen angesteckt.»

«Aber dein Onkel muß doch sehen...»

«Er kommt ja seit Jahren nicht mehr aus dem oberen Stockwerk herunter. Der hat keine Ahnung, wie ich lebe, daß ich mein Zimmer als letztes eigenes Fleckchen wie ein bedrohtes Territorium verteidigen muß. Und wenn ich etwas sage, hält er das für eine Hinterhältigkeit gegenüber Walter.»

Bienzle war seit sieben Jahren Kriminalkommissar. Er war bei seinen Ermittlungen ähnlichen Familiensituationen schon begegnet.

«Dich scheint das alles nicht besonders aufzuregen», sagte Barbara. «Du mußt dir das einmal vorstellen. In unserem Haus gibt es inzwischen nur noch schmale Gassen zwischen Zeitungsmauern, Hohlwege durch Brotgebirge, ganze Joghurtbecherschluchten.»

Außerdem – Barbara hatte schon immer zu Übertreibungen geneigt.

«Und dann diese ständigen Selbstmorddrohungen.»

Bienzle grinste: «Laß ihn doch!»

«Früher warst du einfühlsamer», sagte Barbara.

Bienzle stopfte sich eine Pfeife. «Ich versteh' dich nicht, wenn dich dein Onkel enterbt und alles Walter vermacht – darum geht's ja wohl –, dann beerbst du eben deinen Mann etwas später.»

«Nein, seine Kinder werden alles bekommen.»

«Er hat Kinder? Ich meine, nicht mit dir?»

«Aus erster Ehe, ja, drei Töchter. Die sind schon erwachsen und haben selber Kinder. Walter sagt oft genug, daß sie seine eigentliche Familie seien.»

«Das klingt allerdings mehr als verzwickt.» Bienzle wollte die Unterredung langsam zu einem Ende bringen. «Aber dein Onkel ist alt und krank. Der macht's bestimmt nicht mehr lange.»

Barbara hatte eine Haarsträhne um den Zeigefinger gewickelt und Bienzle angesehen. «Er hat für Montag den Notar bestellt.»

Bienzle besaß ein gutes Gedächtnis. Gespräche und Verhöre konnte er noch nach Wochen fast wortgetreu rekonstruieren. Mit Barbara hatte er vor vier Tagen gesprochen. Jeder Satz fiel ihm jetzt wieder ein, während er durch die schlafende Stadt ging, wobei seine Schritte immer langsamer wurden. War es gut, sie jetzt noch aufzusuchen? Sie hatte es nicht gewünscht.
Es war fast die gleiche Zeit gewesen wie jetzt, als sie als letzte Gäste das Restaurant verließen. Der Kellner hatte sie hinausbegleitet und war fassungslos stehengeblieben, als Barbara und er nicht auf die Straße hinausgingen, sondern die Treppe hinaufstiegen.

Es war anders gewesen als früher. Barbara hatte sich sofort ausgezogen. Damals waren viele Vorbereitungen notwendig gewesen. Damals... Barbara war immer eine leidenschaftliche Geliebte gewesen, aber nie war ein Wort über ihre Lippen gekommen. Jetzt redete sie unablässig. Für Bienzle war es peinlich und erregend zugleich, wie sie jede Bewegung kommentierte, wie sie ihn geradezu vor sich hertrieb.
Dann, endlich, lagen sie schweigend nebeneinander. Barbara summte eine Melodie vor sich hin. Bienzle kannte sich mit Schlagerliedern kaum aus, aber dieses hieß wohl «Fremder in der Nacht», und es war seitdem in seinem Hirn geblieben und hatte ihn nicht mehr verlassen. Alles mögliche hatte er dagegen unternommen. Er sang dagegen an, Märsche, Walzer, Choräle, aber hartnäckig, ja unbarmherzig kam diese eine Zeile immer wieder in seinen Kopf zurück. «Fremder in der Nacht.» Auch jetzt geisterte sie schon wieder durch seine Gedanken, lenkte ihn ab und ärgerte ihn so sehr, daß er mitten auf der Straße stehenblieb, zornig aufstampfte und dann laut pfeifend weiterging, wobei er geradezu trotzig immer wieder «Fuchs, du hast die Gans gestohlen» in die Nacht pfiff, bis er plötzlich innehielt. Wie war das gewesen?
Sie hatten dicht beieinander gelegen. Sie auf dem Rücken, er auf dem Bauch. Sein rechter Arm ruhte auf ihren breiten Hüften, seine Finger spielten die Melodie, die Barbara summte, auf ihrer warmen Haut.

«Es ist das erste Mal», sagte sie, «daß ich eine Nacht von zu Hause
fort bin. Warte mal – seit sieben Jahren.»

«Er wird's erfahren», brummte Bienzle.

«Klar.» Sie kicherte. «Dieses Nest kann kein Geheimnis bewahren.
Wenn ich mir die beiden vorstelle...»

Wieder kicherte sie.

«Morgen wird's dich nicht mehr amüsieren», sagte Bienzle.

Sie ging nicht darauf ein. «Daß du Polizist geworden bist...!»

«Das ist ein Beruf wie jeder andere.»

«Kriminalpolizist», sagte sie. «Spezialist für Kapitalverbrechen, so
sagt man doch. Suchst du hier eigentlich einen Mörder?»

«Nein, eine Bande von Geldfälschern.»

Er wollte nicht weiter darüber reden und begann sacht ihren Bauch zu
streicheln.

«Aber du hast doch auch mit Mord zu tun, oder?»

«Sicher.»

Jetzt, da er in die Straße einbog, in der das Haus des Toten stand,
bekam dieser Dialog für Bienzle eine neue Bedeutung.

«Was fasziniert dich an Mord?» hatte Barbara wissen wollen.

«Die Lebenden zu ertappen!» Er hatte es gesagt, ohne viel nachzudenken, und schnell hinzugefügt: «Aber die Täter sind immer auch
Opfer.»

Barbara zog das rechte Bein an und richtete den Oberkörper auf die
angewinkelten Ellbogen auf. Seine Hand rutschte in ihren Schoß.

«Gibt es eigentlich den perfekten Mord?»

«Sicher», brummte er in sein Kissen. «Du mischst deinem Opfer eine
starke, aber ungefährliche Dosis Schlafmittel in den Tee. Wenn er
dann schläft wie tot, spritzt du ihm eine Überdosis Insulin in den
Nabel.»

«In den Nabel?»

«Ja, Einstiche im Nabel sind kaum nachzuweisen. Dein Opfer wacht
ziemlich spät auf und muß – darauf kannst du dich verlassen – sehr
dringend Wasser lassen. Dabei gehen die Barbiturate mit ab, ohne
Spuren zu hinterlassen.»

«Und das Insulin?»

«Wirkt erst nach 24 Stunden, aber dann todsicher!» Er kicherte. «Der
Insulinschock wirkt schnell. Der Tod tritt fast unmittelbar ein. Und

wenn du jeglichen Verdacht von dir ablenken willst, verreist du, nachdem du deinem Opfer das Insulin verpaßt hast, für zwei oder drei Tage – mit mir zum Beispiel. Wo wollen wir hinfahren?»

Sie ging nicht darauf ein. «Aber das Insulin findet man doch im Körper des Toten, oder?»

«Insulin findest du in jeder Leiche, außerdem ist die Untersuchung schwierig und teuer. Kein Arzt wird sie veranlassen, wenn er nicht einmal Einstiche gefunden hat.»

Barbaras Leib hatte sich unter seiner Hand gespannt, während er redete. Er spürte, wie ein leises Zittern durch ihren Körper lief. Plötzlich aber entspannte sie sich, legte sich mit einem Seufzer zurück und begann wieder zu summen. Sie spreizte die Beine leicht, und Bienzles Hand glitt ganz von selbst zwischen ihre weichen Schenkel.

Das Gartentor war nicht verschlossen. Bienzle ging auf das Haus zu. Ein Fenster im Erdgeschoß war erleuchtet, ein zweites im Obergeschoß ebenfalls. Das obere Fenster war einen Spalt geöffnet. Von dort hörte er ein leises an- und abschwellendes Wimmern.

Bienzle lehnte sich gegen einen Baumstamm und steckte die Hände tief in die Hosentaschen. Er wartete, ohne zu wissen, worauf. Seine Körperhaltung veränderte sich erst wieder, als er hinter dem Fenster im Erdgeschoß zwei Schatten wahrnahm, die sehr dicht beieinanderstanden. Kurz darauf flammte das Licht über der Haustür auf. Ein Mann mit einer Tasche trat heraus. Wenig später erschien Barbara im Morgenrock. Der Mann beugte sich zu ihr herab. Das Licht erlosch und ging nicht wieder an. Bienzle versuchte etwas zu erkennen, aber seine Augen gewöhnten sich nicht schnell genug an die Dunkelheit. Schritte kamen auf ihn zu. Er trat rasch hinter den Baum und wartete unbeweglich, bis der Mann das Gartentor hinter sich geschlossen hatte und auf der gegenüberliegenden Straßenseite in ein Auto gestiegen war.

Langsam ging Bienzle zum Haus.

«Du?» Barbara starrte Ernst Bienzle abweisend ins Gesicht.

«Wer war der Mann, der eben wegging?»

«Der Arzt.»

«Aber nicht der Notarzt. Der da hatte ein Privatauto.»

«Unser Hausarzt. Er behandelt Walter schon seit Jahren.»

«Hat er einen Totenschein ausgestellt?»

Sie nickte. «An der Todesursache besteht kein Zweifel.»

Bienzle nickte ebenfalls. «Herzversagen.»

Bienzle ging ins Haus. «Wo liegt er?»

Barbara deutete mit dem Kopf auf eine Tür. Bienzle stieß sie auf. Es war ein groteskes Bild. Der Tote lag in einem verschlissenen Morgenrock auf einer Couch, die mit Zeitungspaketen förmlich eingemauert war. Altpapierstapel bildeten Säulen und Wände und ließen nur ganz schmale Durchgänge frei. Hinter der Couch waren die Zeitungen bis unter die Zimmerdecke aufgetürmt. Der Tote hatte ein schönes, schmales Gesicht mit buschigen graumelierten Augenbrauen, einer geraden Nase und einem sehr schmalen Mund, der verkniffen wirkte. Bienzle spürte Barbaras Körper in seinem Rücken und wandte sich um. «Der Arzt – ist er dein Geliebter?»

Sie sah ihm voll ins Gesicht. «Red keinen Unsinn, du bist mein Geliebter!»

Bienzle ging wortlos an ihr vorbei. Aus dem Obergeschoß hörte man das leise Wimmern des alten Onkels.

«Es scheint ihm nicht gut zu gehen», sagte Bienzle und deutete zur Decke.

«Ach Gott, seine Milch. Die hab ich vergessen.» Sie lief durch den Korridor und riß dabei einen Turm aus Joghurtbechern um. Wütend trat sie gegen die Plastikgefäße.

Bienzle folgte ihr. Als er die Küche betrat, stand sie am Herd und zog mit einem Teelöffel Haut von der Milchoberfläche in einer bauchigen Kaffeetasse. Bienzle lehnte sich gegen den Türbalken.

«Hast du ihn umgebracht?»

Sie sah ihn müde an. «Es ist bald drei Uhr.» Mit der Tasse in der Hand kam sie auf ihn zu. Bienzle verstellte ihr den Weg.

«Walter wußte das von uns», sagte sie.

«Hat dich das überrascht?»

Sie sah zu Boden. «Ich muß zum Onkel hinauf.»

Bienzle nahm ihr die Tasse aus der Hand. «Die Milch ist kalt.»

«Walter!» Die Stimme des alten Mannes aus dem Obergeschoß klang jetzt herrisch und fordernd.

«Meine Milch!»

«Weiß er's noch nicht?» fragte Bienzle.

Barbara schüttelte den Kopf. Sie ging zum Herd zurück und kippte die Milch in einen Topf, dann schaltete sie die Elektroplatte ein. «Kannst du aufpassen, daß sie nicht überläuft?» fragte sie und ging, ohne eine Antwort abzuwarten, hinaus.

«Walter, was ist denn?» rief der Onkel wieder. «Ich hör' euch doch da unten.»

Bienzle starrte den Milchtopf an.

Barbara kam vom Korridor zurück. «Sein Schlafmittel müßte längst wirken», hörte er sie in seinem Rücken.

Die Milch quoll dick und schaumig gegen den Topfrand. Bienzle nahm das Gefäß vom Herd und goß die Milch in die Tasse.

«Ich bring' deinem Onkel die Milch.»

«Nein!»

Bienzle faßte die Tasse vorsichtig mit einer Hand und schob mit der anderen Barbara zur Seite. «Ursprünglich hattest du einen anderen Plan, nicht wahr?»

Sie sah zu Boden.

«Ursprünglich», begann er noch mal, «dachtest du nur daran, den Kommissar vom Landeskriminalamt auf deiner Seite zu haben, falls es zu Ermittlungen käme. Die Kollegen hier hätte der Bienzle wohl überzeugen können, dachtest du. Wer weiß, wie du Walter umbringen wolltest. Aber dann habe ich dir die Sache mit dem Insulin erzählt...»

«Die Milch wird kalt», sagte sie.

Bienzle ging an ihr vorbei. Der Duft ihres Parfums überlagerte für einen Augenblick den modrigen Geruch, der das ganze Haus durchzog.

Der Onkel war leicht zu finden, denn er war wieder in seinen klagenden Singsang verfallen. Als Bienzle in sein Zimmer trat, saß der alte Mann aufrecht auf einem einfachen Stuhl am Fußende eines spartanischen Eisenbettes – ein Greis mit einem gelben, eingefallenen Gesicht und dünnem, strähnig grauem Haar. Er war nur mit einem langen Nachthemd bekleidet.

«Walter, bist du es endlich!» sagte er müde.

«Walter ist tot!» sagte Bienzle brutal.

Erst jetzt sah der Alte zu ihm auf. Er nahm die Nachricht scheinbar unbewegt zur Kenntnis. «Wer sind Sie?»

«Ich bin Polizeibeamter.»

«Polizei?» Der alte Mann starrte Bienzle aufmerksam an.

«Hat sie es getan?»

«Ich verstehe nicht.» Bienzle stellte die Milchtasse vorsichtig auf einen niedrigen Hocker neben dem Stuhl des alten Mannes. «Hier, ich habe Ihnen Ihre Milch gebracht.»

Der Onkel trank in kurzen, schnellen Schlucken. Bedächtig setzte er die Tasse wieder auf den Hocker.

«Walter betet immer noch einen Psalm mit mir.»

Bienzle griff nach der Bibel, die auf dem Nachttischchen lag. «War der Arzt bei Ihnen?»

«Ja.»

«Hat er Ihnen etwas gegeben?»

«Tabletten gegen die Schmerzen.»

«Keine Spritze?»

«Gestern, das heißt heute morgen, nein, das war ja nun schon gestern, also da hat er mir... Aber was geht Sie das an?»

Bienzle blätterte in der Bibel. «Welchen Psalm möchten Sie am liebsten?»

«Sie sagen, Walter ist tot?»

«Ja, Herzversagen.»

Der alte Mann nickte. «Den 23. Psalm – den mag ich am liebsten.»

Bienzle suchte nach den Psalmen. «Haben Sie ein Testament gemacht?»

Der alte Mann fuhr hoch. «Was geht Sie das an, hä?»

«Ihre Nichte erbt alles, nicht wahr?»

«Nein, aber das will ich ja gerade ändern. Am Montag kommt der Notar. Lesen Sie endlich.»

«Ich kann die Psalmen nicht finden.»

Mit einer herrischen Geste riß der Alte Bienzle die Bibel aus der Hand. Zielsicher schlug er das Buch auf.

«Hier!»

«Was wollen Sie denn ändern in Ihrem Testament?» fragte Bienzle.

«Nun, Sie hat sich ja wirklich gebessert, die Bärbel, nicht wahr. Ja, sie hat sich Mühe gegeben in letzter Zeit... Ach, da bist du ja, Kind.»

Barbara stand unter der Tür.

«Dieser Mann da erzählt, daß Walter gestorben sei.»

Barbara nickte und drückte ein Taschentuch gegen die Augen. «Ja, ja, rasch tritt der Tod den Menschen an!»

«Was hast du über dein Testament gesagt, Onkel?»

«Laß nur, Kind, laß nur, es wird alles gut werden. Ich setz' dich wieder ein, so wie früher...»

«Du hast mich...?»

«Ich will's doch wieder ändern, Kind.» Die Stimme des Alten bekam jetzt einen weinerlichen Klang. «Ich bin jetzt müde. Die Tabletten wirken endlich. Er ist ein guter Doktor, das muß man ihm lassen. Bring mich ins Bett, bitte.»

Bei den letzten Worten schien die Zunge des alten Mannes den Gehorsam zu verweigern. Er mühte sich, aufzustehen.

Bienzle begann zu lesen: «Der Herr ist mein Hirte, mir wird nichts mangeln...»

Der alte Mann sprach flüsternd mit, während ihn Barbara zu seinem Bett führte. Leise fragte sie: «Du wolltest also dein Testament ändern am Montag?»

«Ja, ja, du solltest alles bekommen.»

«Und jetzt?»

«Jetzt erbt ja noch Walter.»

«Beziehungsweise dessen Erben», murmelte Bienzle.

Barbara ließ den alten Mann abrupt los. Er torkelte gegen die Bettkante, fing sich aber selbst auf. Bienzle trat zu ihm und hob die dürren Beine aufs Laken.

«Aber Walter ist tot», schrie Barbara.

«Ja, ja», flüsterte der Alte mit ersterbender Stimme. «Es geht oft rascher, als man denkt. Lesen Sie weiter, bitte!»

«Er weidet mich auf grüner Aue und führet mich zum frischen Wasser...»

Der Onkel nickte zu jedem Wort, während seine Lippen den Text nur noch tonlos mitsprachen.

«Sein Stecken und Stab tröstet mich.»

«Ernst, sieh doch!» Barbara konnte sich nur mühsam beherrschen.

Die Lippen des Alten waren erstarrt. Bienzle sah auf ihn hinab. «Ich glaube, dein Onkel stirbt. Er hat den Tod von Walter eben nicht verkraftet. Nicht wahr – so sollte es doch aussehen.»

«Ich muß den Doktor rufen!» Barbaras Stimme überschlug sich.

«Ja, das mußt du wohl», sagte Bienzle.

Als er das Haus verließ, hörte Bienzle Barbara im Zimmer ihres toten Mannes telefonieren. Als er den Gartenweg hinunterging, wiederholte sich in seinem Kopf mit der Monotonie einer Gebetsmühle der Satz:

«Der Herr ist mein Hirte, mir wird nichts mangeln...»

Bienzle zog das Gartentor hinter sich zu. Einen Augenblick blieb er stehen. Er schüttelte den Kopf und begann wütend zu pfeifen: «Fremder in der Nacht...»

Schneckentod

Bienzle ging wieder einmal der alte Spruch durch den Kopf: «Laufe kann ich nimmer, beiße kann ich nimmer – muß ich mich halt mit de Hund vertrage!»

Aus den Blättern der Bäume fielen vereinzelte Tropfen, die vom Gewitterregen übriggeblieben waren.

Hier stehen und warten – hatte das einen Sinn? Aber niemand erwartete ihn irgendwo anders, also konnte er auch noch bleiben. Diese Katzeneigenschaft, warten zu können und dabei das Gefühl für die Zeit, nicht aber das Gefühl für das Ziel, zu verlieren, war ihm schon immer eigen gewesen. Er war froh, keine Kinder zu haben. Kinder waren ungeduldig und hatten ein Recht darauf, ungeduldig zu sein.

Hinter einem Fenster brannte noch Licht. Bienzle hatte siebzehn Fenster gezählt. Wie einsam mußte man sich in einem solchen Haus fühlen, zumal wenn man nur zu zweit darin wohnte und den anderen nicht mehr ausstehen konnte?

Als Otto Krogmann beerdigt wurde, stand seine Witwe mit einem unverkennbaren Ausdruck des Triumphes dabei. Diesen Ausdruck hatte sie auch im Gesicht, als Bienzle sie am Tag danach besuchte. Sie war Ende Vierzig, aber es gab jetzt viele Frauen, die sich, wie Amelie Krogmann, eine gewisse Jugendlichkeit bewahrten bis weit über die Grenze von fünfzig Lebensjahren hinaus. Daß sie für ihre kleinen, runden Brüste noch keinen Büstenhalter brauchte, zeigte sie geradezu provozierend. Das dünne T-Shirt hatte einen weiten runden Ausschnitt und saß straff auf der Haut. Bienzle bemühte sich, nicht immer auf die keck hervortretenden Brustwarzen zu starren. Zog sich so eine Frau an, die gerade ihren Mann verloren hatte?

«Diese Krämpfe», sagte sie, «es war furchtbar, wie er sich gekrümmt hat.» Und dann fügte sie mit kühler Sachlichkeit hinzu: «Es war tatsächlich ein Todeskampf.»

Bienzle starrte sie unter seinen buschigen Augenbrauen hervor an. «Es scheint Sie nicht besonders mitgenommen zu haben.»
«Für mich war's die gerechte Strafe!»
Den Satz wurde er seitdem nicht mehr los. Er wäre gerne hineinge-gangen und hätte die Frage gestellt, die ihm am Todestag von Otto Krogmann nicht eingefallen war: «Wer hat ihn bestraft?» Er konnte sich nicht vorstellen, daß Amelie Krogmann an Gott glaubte.

Sehr aufrecht war sie dagestanden, mit durchgedrücktem Kreuz, das Kinn leicht angehoben. Ihre Haltung wirkte angestrengt. Aber das Rotweinglas in ihrer Hand zitterte nicht. Aus der Stereoanlage kamen die Klänge eines klassischen Konzerts. Amelie Krogmann hatte eine Platte aufgelegt. Eher Musik für ein heimeliges Frühstück zu zweit, fand Bienzle: Concert opus 10 für Streicher, Flöte und Continuo von Antonio Vivaldi. Bienzle stellte sich ein gemeinsames Frühstück mit Amelie Krogmann vor, rief sich zur Ordnung und sagte: «Die Ge-richtsmediziner sind ratlos. Alles deutet auf eine Pilzvergiftung hin!»
Amelie lächelte. «Wenn er Pilze gegessen hat, dann nicht bei mir!»
Tatsächlich hatte die Spurensicherung keinerlei Hinweise gefunden. Zwar hatten die Krogmanns gemeinsam zu abend gegessen, es hatte Schneckenpfännchen und anschließend einen Salat aus Sauerampfer, Kresse und Nüssen gegeben. Das Geschirr hatte Amelie Krogmann, wie immer, sofort nach dem Essen in den Geschirrspüler gestellt und abgewaschen. Seine Todeskrämpfe hatten da noch nicht begonnen, sagte sie.
Krogmanns Geliebte hatte ausgesagt, bei ihr habe er lediglich einen oder zwei Sherry getrunken, bevor er zu seiner Frau nach Hause ge-gangen sei. Die Gläser waren noch nicht abgewaschen gewesen. An der Sherry-Flasche, die noch zur Hälfte gefüllt war, fand man die Fin-gerabdrücke des Toten. Regine Salach, Krogmanns Freundin seit zweieinhalb Jahren, hatte drei Tage und vier Nächte gebraucht, bis sie in der Lage gewesen war, eine Aussage zu machen.
Bienzle traute zwar den Frauen nie, aber er hätte allerhand darauf gewettet, daß Regine Salachs Schmerz echt war. Andererseits: Die Frau war Schauspielerin, wenn auch zur Zeit ohne Engagement.
«Wenn du nach einem Motiv suchst, kommst du immer nur auf die

heilige Liebe, die heilige Ehe oder das heilige Geld», hatte sein Kollege Gächter gesagt. Bienzle hatte ihm nicht widersprochen. Das waren so Sätze, die bei jedem Fall kamen.

Ein Nachtvogel huschte vorbei. Sinnlos, hier herumzustehen. Bienzle war Weintrinker. Leute, die den Schnaps bevorzugten, hatten es besser, die konnten in solchen Nächten einen Flachmann bei sich tragen. Trollinger in einem Flachmann... Bienzle schüttelte sich.

Das Licht hinter dem Fenster erlosch. Bienzle ruckte ein wenig in den Schultern und richtete sich auf. Erst gestern hatte Hannelore gesagt: «Du mußt ein bißchen auf dich achten, du kriegst langsam einen runden Rücken.»

Jetzt flammte das Licht im Treppenhaus auf. Bienzle lächelte zufrieden. Daß Frau Krogmann um diese Zeit noch das Haus verließ, verbuchte er für sich auf der Habenseite. Sie machte sich nicht einmal die Mühe, die Tür abzuschließen. Bienzle schob seinen schweren Körper hinter einen dicken Baumstamm. Selbst in der Dunkelheit erkannte man, wie elegant Amelies Gang war. Ihr Rock schwang im Rhythmus ihrer Schritte. Sie ging den Gartenweg bis zur Garage und öffnete das Tor. Bienzle lief geduckt durch den Rasen, kletterte mit einiger Mühe über den Zaun und stieg in sein Auto, das er am Straßenrand geparkt hatte. Er legte eine Musikkassette ein. Mozarts Klavierkonzert Nummer 10 – auch eher eine Musik für ein Frühstück zu zweit.

Amelie Krogmann fuhr zügig, achtete aber peinlich genau auf die Geschwindigkeitsbeschränkungen. So jemand war leicht zu verfolgen. Sie hatte ihm alles über ihre Ehe erzählen wollen, aber er hatte sie brummig daran gehindert. «Mir genügt, daß Sie sich nemme möge habet!»

«Es war mehr», sagte sie, «er hat mich seit Jahren gequält – seelisch, meine ich!»

«Und vice versa», meinte Bienzle.

«Bitte?»

«So rum wie so rum», übersetzte der Kommissar.

«Woher wollen Sie das wissen?»

Er sah sie schweigend an, bis sie den Blick senkte. Dann seufzte er ein wenig.

Jetzt seufzte er wieder und sagte leise: «Was sich Mensche alles antun könnet!»

Amelie Krogmann hielt vor einem modernen Mehrfamilienhaus, wie man sie neuerdings immer häufiger sah. Die Front war mit Glaserkern und Glasvorsprüngen aufgelockert. Larifari, fand Bienzle, sieht gut aus, bringt aber nichts. Mit zusammengekniffenen Augen versuchte er auszumachen, wo sie klingelte. Es war ziemlich weit oben am Klingelbord. Mehr konnte er nicht feststellen. Aber dann ging im obersten Stock das Licht an. Amelie Krogmann drückte die Tür auf und verschwand im Treppenhaus. Bienzle wuchtete seinen Körper aus dem Auto und stapfte zu dem Hauseingang hinüber. An der obersten Klingel stand «Dr. Alexander Werner».

Gächter war in dieser Nacht Kommissar vom Dienst. «Wenn ich das jeden Tag machen müßte», pflegte er zu sagen, «wär ich längst Alkoholiker.»
Warten, daß vielleicht etwas passierte, das war nichts für ihn. Als das Telefon klingelte, hatte er gerade seine erste Bierflasche aufgemacht.
«Kommissar vom Dienst», meldete er sich.
«I bin's», sagte Bienzle.
«Auch das noch!» sagte Gächter.
«Ich muß wissen, wer Dr. Alexander Werner, wohnhaft Klosterstraße 27, ist.»
«Warum?»
«Weil die Krogmann grad zu ihm rein ist.»
«Läufst du ihr immer noch nach?»
«Ich lauf ihr nicht nach, ich ermittle!»
«Und wo liegt der Unterschied?»
Bienzle schnaubte. «In zehn Minuten ruf ich wieder an!» Er hängte ein, verließ die Telefonzelle und zündete sich ein Zigarillo an. Drei Jahre lang hatte er nicht mehr geraucht, jetzt schmeckte es ihm wieder. Er sah dem milchig weißen Rauch nach und ertappte sich dabei, wie er sich Frau Krogmann als Geliebte vorstellte. Wütend schüttelte er den Kopf und knurrte: «Bischt du au no ganz bache, Bienzle!»
Daß Krogmann keines natürlichen Todes gestorben war, stand außer Zweifel. Amelie Krogmann leugnete mit keiner Silbe, daß sie ein Motiv hatte, das beste überhaupt. Aber man konnte ihr nichts beweisen. Null!
Bienzle kickte gegen einen Stein, der über die Straße trudelte und am

Rinnstein ausrollte. Hinter dem Birkenkopf grollte der Donner des nächsten Gewitters, das von Westen her aufzog. Bienzle hatte achtlos auf seinem Zigarillo herumgekaut, jetzt sammelte sich bitterer Tabaksaft auf seiner Zunge. Er spuckte wütend aus und sah zu der Dachgeschoßwohnung hinauf. Dort brannte noch Licht. Vielleicht hörten die beiden Vivaldi.

Gächter hatte etwas gefunden, als Bienzle wieder anrief. Im Polizeiarchiv standen alle möglichen Nachschlagewerke. Alexander Werner war Biochemiker, arbeitete bei einem Pharmaziekonzern und hatte es dort zum Hauptabteilungsleiter in der Forschung gebracht. «Das paßt!» sagte Gächter.
«Blödsinn», sagte Bienzle, «Lebensmittelchemiker müßt er sein!» Aber er beschloß dann doch, Herrn Werner kennenzulernen. Zwei Stunden stand er noch vor dem Haus, eineinhalb davon tief in einen Hausgang gedrückt, weil ein heftiger Gewitterregen niederging. Schließlich war er sich sicher, daß Frau Krogmann das Haus in dieser Nacht nicht mehr verlassen würde. Das Licht brannte schon lange nicht mehr, als er endlich beschloß, nach Hause zu fahren.
Seine Freundin Hannelore war verreist. Bienzle genoß es, alleine in der gemeinsamen Wohnung zu sein, obwohl Hannelore ihm andererseits auch fehlte. Ins Bett ging er nicht mehr. Er hatte Angst davor, in drei Stunden aus dem schönsten Schlaf gerissen zu werden. Also setzte er sich in der Küche auf den unbequemsten Stuhl, öffnete eine Flasche Nordheimer Trollinger mit Lemberger, wohl wissend, daß der ihn noch müder machen würde, und sah zu, wie die Zeit verging. War er nun ein kleinlicher Mensch, wie Gächter erst gestern wieder gesagt hatte? Und war er womöglich deshalb Polizist geworden, obwohl er sich immer gewünscht hatte, Lehrer zu werden? Warum bloß machte man sich mit 51 Jahren solche Gedanken? Hinter der Küche war eine schmale Glasveranda. Von ihr aus hatte man einen schönen Blick auf die Stadt hinab – über den Bahnhof hinweg auf den Killesberg. Die nassen Gleise schimmerten im frühen Morgenlicht. Nach so einem schweren Regen sah Stuttgart von hier oben wie frisch gewaschen aus. Bienzle war sicher, daß er nie mehr anders wohnen könnte als in der sogenannten Halbhöhenlage, die für Stuttgart so typisch war. Flache Städte kamen für ihn nicht mehr in Frage.

Um acht Uhr stellte er sich reglos unter die warme Dusche. Wenn man jetzt den Mut gehabt hätte, auch noch kalt zu duschen. Schon der Gedanke ließ Bienzle erschauern. Er frühstückte aus der Hand, lauter Sachen, die bei Hannelore niemals auf den Tisch gekommen wären: ein Stück Leberkäse in der Rechten, ein Stück Appenzeller Käse in der Linken, trat er wieder auf die Veranda hinaus. Die Wolken hatten sich verzogen, der Himmel hatte verschieden blaue Streifen. Der Tag versprach schön zu werden.

Bienzle war sicher: Heute würde er den Fall Krogmann lösen.

Schon bevor Bienzle Alexander Werner gegenüberstand, war ihm der Wissenschaftler unsympathisch. Eine junge Frau führte ihn durch die Laborräume. In Käfigen huschten Ratten, Mäuse und Hamster hin und her.

Ein Mann, der Tierversuche machte, hatte es bei Bienzle von vornherein verschissen. Das sagte er auch Werner, noch bevor der «Guten Morgen» sagen konnte.

«Wollen Sie nicht erst fragen, wofür diese Versuche gemacht werden?» fragte Werner.

«Noi!» antwortete Bienzle trotzig und fühlte sich nicht sehr souverän dabei.

«Ein bißchen ignorant ist das aber schon.»

«Des leischt ich mir», brummte Bienzle, um dann ansatzlos zum Angriff überzugehen: «Sie sind mit Frau Amelie Krogmann liiert?»

«Wer sagt das?»

«Ich sag das, hören Sie doch!»

«Und wenn es so wäre?»

«Es ischt so, und wie lang geht des scho?»

«Ich glaube nicht, daß ich Ihnen darüber Auskunft geben muß!»

«Ich krieg's so oder so raus!»

«Na gut, wir sind seit drei Jahren befreundet.»

«Na also!» Bienzle bemühte sich nun um eine gewisse Jovialität. «Geht doch!» Er versuchte, mit beiden Daumen seine Augenbrauen zu glätten, und starrte Werner dabei an. «Herr Krogmann ist an einer Art Pilzvergiftung gestorben.»

Werner lachte leise. «Eine Art Pilzvergiftung...?»

«Die Gerichtsmediziner haben's so ausgedrückt – vermutlich weil eine tatsächliche Pilzvergiftung um diese Jahreszeit ausgeschlossen ist.»

Alexander Werner schien nicht besonders interessiert. Er hatte sich ein paar Petrischalen zugewendet und brachte mit einer Pipette kleine hellgelbe Tropfen auf eine zähe Flüssigkeit auf. Ohne aufzuschauen sagte er: «Ich verstehe, daß Sie mich im Verdacht haben, da Sie nun wissen, was ich beruflich mache. Vermutlich denken Sie, ich hätte irgendwelche Gifte zusammengemischt und sie Frau Krogmann zukommen lassen, um Herrn Krogmann heimtückisch zu töten.»

«So ähnlich, ja!»

«Dann lassen Sie sich von mir sagen, es gibt keine solche Giftmischung, die man im nachhinein nicht belegen könnte. Frau Krogmann sagte mir, die Gerichtsmediziner seien sich sicher, daß der Tod des Herrn Krogmann durch ein Pilzgift hervorgerufen worden sei. Und ich versichere Ihnen, ich experimentiere nicht mit Pilzgiften. Sie werden hier auch keines finden.» Er stellte die Petrischalen auf ein Tablett, hob es an und bat Bienzle, ihm die Tür zu öffnen. Dort rief er nach einer Mitarbeiterin und sagte: «Das muß sofort ins Tiefkühlfach!»

Bienzle fuhr herum: «Tiefgekühlt – das ist es!»

«Haben Sie schon mal tief gekühlte Pilze gegessen?» fragte Werner spöttisch, «Pilze werden eingelegt, aber nicht tiefgekühlt.»

Bienzle wußte, wann er verloren hatte. Er verließ Dr. Alexander Werner, dem – so mindestens – nicht beizukommen war. Wenn Bienzle um diese Zeit schon etwas getrunken gehabt hätte und deshalb mutiger gewesen wäre, als er es wirklich war, hätte er wahrscheinlich die Ratten, Mäuse und Hamster samt und sonders freigelassen – ein Wunsch, der sich noch verstärkte, als er aus einem Nebenraum ein klägliches Miauen hörte.

Den Tag verbrachte er mißgelaunt im Büro. Ungeduldig wartete er auf den Abend. Gächter schlug gegen sechs Uhr vor, ein Bier trinken zu gehen. Er hatte an diesem Tag Dienst gemacht, obwohl er die Nacht davor als Kommissar vom Dienst durchgearbeitet hatte. Nach einem solchen «20-Stunden-Turn», wie er es nannte, war er so aufgedreht, daß er noch irgend etwas unternehmen mußte.

«Ich geh noch mal zu der Krogmann», sagte Bienzle.

«Was willst du die denn noch fragen?» Gächter schaute ihn verständnislos an.

«Nicht fragen, nur beobachten.»

«Und du bist sicher, daß du nicht ein heimlicher Spanner bist?»

«Nein», sagte Bienzle, «da bin ich ganz und gar nicht sicher!» Und dann fügte er, eigentlich gegen seinen Willen hinzu, «kannst ja mitkommen!» Er wußte, daß Gächter nicht ablehnen würde.

Wenn Bienzle in seinem Beruf überhaupt noch eine reizvolle Beschäftigung sah, dann war es in der Tat jene, andere Menschen zu beobachten, mit seinen Blicken und seinen Gedanken, in sie einzudringen, sie zu durchschauen. Dreißig Jahre beständige Übung hatten ihn da weit gebracht.

Die Nacht war heller als die letzte. Der Mond malte die Muster der Äste und Zweige auf den kurzen Rasen des Krogmannschen Anwesens. Heute war es schwerer, sich zu verbergen. Gächter war im Auto sitzen geblieben. Sie hatten beschlossen, daß er Amelie Krogmann verfolgen sollte, falls sie wieder das Haus verließ. Bienzle lehnte an einem Baumstamm und kämpfte gegen das Verlangen, ein Zigarillo anzuzünden. Gegen zehn Uhr verlöschte das Licht im ersten Stock. Kurz darauf kam Frau Krogmann aus dem Haus. Als sie an Bienzle vorbeigegangen war, hing noch eine ganze Weile der Duft ihres Parfums in der Luft. Bienzle hörte nacheinander zwei Autos wegfahren. Er ging zum Haus. Amelie Krogmann hatte sich wieder nicht die Mühe gemacht, abzuschließen. Es war wie eine Einladung, und das verunsicherte den Kommissar. Hatte sie es etwa darauf angelegt, daß er das Haus betrat, um nach etwas zu suchen, von dem er nicht wußte, was es sein könnte?

Auch im Treppenhaus hing der Geruch ihres Parfums. Bienzle stieg in den ersten Stock hinauf, ohne Licht zu machen. Sein räumliches Gedächtnis funktionierte im Unterschied zu seinem Gedächtnis für Namen ausgezeichnet.

Gächter fuhr gut fünfzig Meter hinter Amelie Krogmann durch die nächtliche Stadt, daß die Fahrt diesmal nicht Richtung Klosterstraße ging, merkte er schon nach den ersten zwei Kilometern.

Bienzle hatte auf dem kleinen Empire-Stuhl vor Amelie Krogmanns Sekretär Platz genommen. Er kam sich dabei ausgesprochen grobschlächtig vor. Behutsam öffnete er den Deckel. Ein Wust von Briefen, Zeitungsausschnitten, Bildern, Reiseprospekten, Gebrauchsanweisungen und Notizzetteln quoll ihm entgegen. Systematisch begann er, die Papiere zu studieren.

Amelie Krogmann wurde erwartet. Als sie auf das schmale Appartement-Haus im Schellenkönig zuging, ertönte bereits der Summer. Wer immer sie erwartet hatte, war wohl am Fenster gestanden und hatte sie kommen sehen. Gächter wartete, bis das Licht über der Eingangstür erlosch, und ging dann zu dem Hauseingang hinüber.
Liebesbriefe fremder Leute lasen sich immer banal, fand Bienzle. Dennoch machte er sich die Mühe, alle zu lesen, die er in einer kleinen Schublade des Sekretärs gefunden hatte. Eine kleine Uhr schlug mit hellen Tönen elfmal. Man konnte es dem Absender nicht übelnehmen, schließlich war er Wissenschaftler, aber was er da schrieb, entbehrte nun wirklich jeglicher Originalität. Was fand die schöne Frau Krogmann nur an ihm. Bienzle wollte die Briefe an ihren alten Platz zurücklegen, da fiel ihm auf, daß ganz hinten in der kleinen Schublade noch ein Papier lag – zusammengeschoben und zerknittert von dem Packen Briefe, der da geruht hatte. Mit spitzen Fingern holte er es heraus. «Sonderdruck» stand da. Der Autor hieß Maurice Charaud, als Übersetzer war Dr. Alexander Werner genannt. Der Artikel war überschrieben: «Gifte auf Um- und Abwegen.» Bienzle lehnte sich so zufrieden zurück, als hätte er den Fall schon gelöst.
Gächter fuhr mit dem Zeigefinger an den Klingelschildern entlang. Der einzige Name, mit dem er etwas anfangen konnte, lautete Regine Salach.
Warum wohl hatte Amelie Krogmann den Sonderdruck nicht vernichtet? Bienzle erhob sich von dem Empire-Stühlchen, löschte das Licht und ging zu einem breiten Sofa mit weit geschwungenen Armlehnen hinüber. Er setzte sich und schloß die Augen. Erst danach streifte er die Schuhe von den Füßen, öffnete die drei obersten Knöpfe seines Hemdes und suchte die bequemste Stellung, um ein wenig zu schlafen. Aber er war noch im Grenzland zwischen Wachen und Schlafen, gerade noch so bei Bewußtsein, um eine herrlich wohlige Müdigkeit in sich eindringen zu fühlen, da schrillte das Telefon. Er tappte zu dem kleinen, runden Tischchen, auf dem der Apparat stand,

hob ab und horchte, ohne sich zu melden. «Bienzle, bist du's?» tönte es ihm entgegen.

Der Kommissar gähnte: «Was ischt denn?»

«Sie ist bei Regine Salach, soll ich was unternehmen?»

«Ja, warum denn?»

«Vielleicht tut sie ihr Gift in den Sherry!»

«Glaub ich net, warum auch?» Bienzle gähnte erneut. «Geh heim ins Bett, Gächter, oder zum Fröhlich auf ein Bier. Vielleicht komm ich da auch noch hin. Sonst hat ja keiner so lang auf.»

Bienzle legte den Hörer auf die Gabel und kehrte zum Sofa zurück. Er kam erst wieder zu sich, als die Haustür ins Schloß fiel. Ein paar Augenblicke lang hatte er Mühe, sich zu orientieren, dann zog er seinen Taschenkamm heraus und fuhr sich damit durchs Haar. Er schlüpfte grade in seine Schuhe, als Amelie Krogmann hereinkam. Sie sang leise vor sich hin, warf mit elegantem Schwung die Pumps von den Füßen und knipste das Licht an.

«Guten Morgen», sagte Bienzle.

Amelie Krogmann starrte ihn an. Sie war wie paralysiert. Drunten fiel die Tür ein zweites Mal ins Schloß.

Schließlich fing sich Amelie Krogmann. «Haben Sie kein Zuhause?»

«Mir g'fällt's bei Ihne», sagte Bienzle und bückte sich ächzend, um seine Schnürsenkel aufzuknüpfen. Wie oft hatte seine Mutter zu ihm gesagt: «Mr schlupft net aus de Schuh, ohne daß mr se aufgschnürt hat!»

«Was soll das denn?» fragte Amelie Krogmann. Die Tür ging auf. Noch bevor Regine Salach hereinkam, rief sie fröhlich: «Ich hab den Wagen einfach vor der Garage...» Weiter kam sie nicht; denn nun entdeckte auch sie den Kommissar.

«Jetzt einen starken Kaffee und das Concert opus 10 für Flöten, Streicher und Continuo von Vivaldi – des wär was Feins», sagte Bienzle.

«Verlassen Sie sofort mein Haus», herrschte ihn Frau Krogmann an.

«Ich denk, wir gehen dann zusammen», erwiderte Bienzle gemütlich. «Packen Sie ein, was Sie nötig brauchen.»

«Was bedeutet das denn?» fragte Regine Salach.

«Ich denk, ich muß Sie vorläufig festnehmen, alle beide», sagte

Bienzle, «und passet Se auf, alles, was Sie ab jetzt saget, kann nämlich gege Sie verwendet werden.»

Amelie Krogmann giftete: «Sie müssen verrückt geworden sein!»

Bienzle hatte endlich seine Schuhe an den Füßen, wie es sich gehörte. Jetzt stand er auf. «Wenn's den Kindern langweilig wird, schlaget se d'Schnecke auf d'Schwänz', heißt's im Schwäbische. Man kann die Schnecken aber auch auf Fliegenpilze setzen und darauf ‹weiden› lassen, wie's der Fachmann wohl nennt. Scheint's mögen Schnecken Fliegenpilze, und offenbar verträgt sie ihr Organismus auch ganz gut. Das Gift sammelt sich in ihrem Körper und bleibt dort auch, wenn man die Tiere zum Zwecke des späteren Genusses einfriert. Einen Giftwirt nennt der Herr Charaud die Schnecke in einem solchen Fall, vielleicht ist ja auch der kongeniale Übersetzer auf diesen Begriff gekommen.»

Der Kommissar sah die beiden Frauen mit freundlichen runden Augen an, als ob er für seine Ausführungen gelobt werden wollte. «Hat Ihnen der Herr Werner die präparierten Schnecken gebracht oder nur das Rezept?»

Regine Salach sagte rasch: «Und was hab ich mit dem Ganzen zu tun?»

«Bitte sag jetzt nichts, Liebste», sagte Amelie leise, «der Mann rennt irgendwelchen Hirngespinsten nach!»

«Tja.» Bienzle ließ sich wieder auf das Sofa nieder und zupfte an seinen Augenbrauen. «So arbeiten wir halt: Zuerst ist da eine Theorie, eine Hypothese, von mir aus können Sie auch sagen, ein Hirngespinst, und dann machen wir uns dran, die Beweise dafür zu erbringen. Einen hab ich schon, andere wird man vielleicht bei Herrn Werner im Labor finden oder in Ihrer Tiefkühltruhe!» Er wendete seinen Blick Frau Salach zu, «vielleicht auch in der Ihren!»

Die Reaktion der Schauspielerin überraschte sogar Bienzle. Sie fuhr, wie von der Tarantel gestochen herum, rannte zur Tür, riß sie auf und lief förmlich in Gächter hinein. Der faßte sie sanft an beiden Schultern und schob sie ins Zimmer zurück.

Bienzle lächelte ein bißchen gequält. «Wenn die Frau und die Geliebte sich gegen einen Mann verschwören, hat er kaum eine Chance!»

137 Stufen

Ernst Bienzle kannte die Stadt gut. Das war schon manchmal von Vorteil für ihn gewesen; wenn es zum Beispiel darum ging, sich die möglichen Fluchtwege eines Verdächtigen oder eines überführten Täters vor Augen zu führen.

Nicht selten spielten Stuttgarts über vierhundert Staffeln dabei eine wesentliche Rolle; denn sie konnten einem Flüchtenden helfen, Wege abzukürzen und motorisierte Verfolger schlicht scheitern zu lassen.

Bienzles besondere Stadtkenntnisse ermöglichten es ihm, die Treppen in der Regel so anzugehen, daß er sie von oben nach unten beschreiten konnte und sich nicht mit keuchendem Atem, Seitenstechen und erlahmenden Beinmuskeln hinaufquälen mußte. Er wußte wohl, daß es Leute gab, die diese langen Treppen als göttliche Prüfung für den Menschen betrachteten. Die Staffeln waren wie ein Wahrzeichen des Pietismus. Man kam nur hinauf, wenn man unterwegs kräftig gelitten hatte. Oben erreichte man zwar nicht gleich das Paradies, aber man wurde doch durch einen herrlichen Blick über die Stadt belohnt. Wolkenschau und Brettlesbohre lagen bei den Schwaben schon immer dicht beieinander, bloß daß das Brettlesbohre immer vor der Wolkenschau liegen mußte!

Bienzle hatte die Angewohnheit, die Treppenstufen zu zählen, wenn er eine der Stuttgarter Staffeln hinabging. Verzählte er sich einmal, machte er sofort kehrt, um noch mal von vorne anzufangen – und so kam es, daß er gelegentlich doch auch einmal aufwärts steigen mußte.

Und noch eine Eigenart hatte Bienzle: Er machte sich Orakel etwa in der Art: «Wenn's bis zum nächsten Treppenabsatz mehr als fünfzig Stufen sind, geht heute alles gut!»

All dies ging Ernst Bienzle durch den Kopf, als er, von der Innenstadt kommend, in die Sonnenbergstraße einbog und kurz danach den Blinker setzte, weil er die Stafflenbergstraße hinauf wollte. Er war gerade am Charlottenplatz gewesen, als er die Durchsage «An alle!» gehört hatte. Ein bewaffneter Täter war in ein Haus an der Sünderstaffel eingedrungen, hatte eine Frau mit der Waffe bedroht, niedergeschlagen und den ganzen Schmuck und alles Bargeld mitgenommen. Offensichtlich war die Frau zäher, als der Täter gedacht hatte; denn die Haustür war noch nicht hinter ihm ins Schloß gefallen, da hatte sie schon die Polizei alarmiert. Die Frau hatte allerdings keine Angaben darüber machen können, in welche Richtung der Räuber getürmt war.

Bienzle dachte nicht lange darüber nach. Er glaubte schlicht zu wissen, welchen Weg der Missetäter genommen hatte. Die meisten Menschen waren wie er – sie suchten sich den bequemsten Weg – ganz selbstverständlich. Und daß der Einbrecher ein Pietist war, nahm Bienzle nicht an.

Trotzdem fuhr er jetzt die Stafflenbergstraße hinauf zum oberen Ende der Treppe. Aus Erfahrung wußte er, daß Kriminelle meist einen ziemlich hohen Intelligenzgrad besaßen.

Mit der Beschreibung des Täters war nicht viel anzufangen. Er trug Jeans und irgendeine Jacke, die nicht näher beschrieben worden war.

Bienzle stellte den Wagen ab und stieg aus. Der Mann, der die Staffel herauf auf ihn zukam, war ziemlich außer Atem. Er trug einen dieser bunten Kunststoffrucksäcke, den er allerdings nur nachlässig an einem Riemen über die rechte Schulter gezogen hatte.

Bienzle vertrat dem Mann den Weg. Er schätzte ihn auf etwa Vierzig und hielt ihn nicht für besonders sportlich. Der Mann hob den Kopf. Bienzle sagte: «Wieviel Stufen sind's eigentlich von da unten rauf?»

«137», sagte der Mann wie aus der Pistole geschossen. Er hatte die gleiche Angewohnheit wie Bienzle. Selbst wenn er es eilig hatte, zählte er die Stufen. Bienzle nickte zufrieden. Er wußte, daß es von der Pfizerstraße aus mehr als 240 waren, also mußte der Mann später eingestiegen sein – und Bienzle ahnte, was der Verbrecher gedacht hatte. Alle werden annehmen, daß ich die Treppe runterrenne. Tatsächlich hörte man in diesem Augenblick von unten das Martinshorn eines Polizeiwagens. Das Blaulicht war wegen der dichten Laubbäume, welche die Staffel säumten, nicht zu erkennen.

Der Mann wollte weiter, aber Bienzles massiger Körper versperrte ihm den Weg. «Also, ich lauf' die Staffle lieber nonder als nauf», sagte Bienzle. Der Mann machte einen Schritt zur Seite, Bienzle bewegte sich in die gleiche Richtung. «Ich könnt Sie a Stückle im Auto mitnehme», sagte Bienzle, «oder wollet Sie z'Fueß nauf bis zum Bubebad?»

Der Mann schaute sich gehetzt um. «Was wollen Sie eigentlich von mir?» fragte er mit noch kurzatmiger Stimme. Bienzle wiegte seinen schweren Kopf hin und her. «Wenn Sie noch a bißle weiter gedacht hätten, hätten Sie begreife müsse, daß oiner genauso denkt wie Sie: Alle denket, der rennt nach unte, aber ein gwiefter Polizist denkt, weil alle des denket, wird er denke, i spring naufzues. Und wenn des der Verbrecher bis dahin auch denkt, dann müßt er eigentlich nonder – scho deshalb, weil's schneller geht. Aber für so gscheit han i Sie no au wieder net g'halte, sonscht hättet Sie ja vielleicht doch en andere Beruf.»

Der Mann riß seinen Rucksack von der Schulter und wollte hineinfassen. Bienzle lachte einen Schochen hinaus. «Sag bloß, Sie hent Ihr Waffe mit dem gschtohlene Schmuck en Ihr Rucksäckle nei!»

Unwillkürlich nickte der Mann. Bienzle log: «Ich hab meine im Schulterhalfter ond ruckzuck drauße, aber so viel Aufsehe braucht's ja vielleicht gar net!» Vorsichtshalber griff Bienzle unter seine Jacke und kratzte sich ein bißchen am Bauch – dort, wo eigentlich die Walther PK hätte stecken müssen, aber das Ding war halt meistens arg hinderlich.

Daß der Mann resignierte, sah Bienzle an seinen Augen, noch ehe er die Arme sinken ließ. Handschellen hatte der Kommissar zum Glück dabei. Er fesselte den Mann und bat ihn, in den zivilen Dienstwagen einzusteigen. Dann nahm er den Hörer seines Funkgeräts und meldete sich: «Hier Hauptkommissar Bienzle, ich hab euern Einbrecher!»

Ein bißchen schämte er sich dabei, wenn er auch nicht wußte, warum.